Katharina Heuberger

Mein wilder Meter
Balkon und Topfgarten naturnah gestalten

Gedruckt auf
100% Recyclingpapier

Katharina Heuberger

Mein wilder Meter

Balkon und Topfgarten naturnah gestalten

Tiere beobachten aus nächster Nähe

pala verlag

Inhalt

Liebe Leserinnen und Leser,

die insektenfreundliche Wildblumengärtnerin schlummerte in mir lange Zeit unerkannt. Auf der Suche nach einer neuen Wohnung hatten mein Mann und ich unsere wichtigsten Kriterien aufgelistet. Ein Balkon war nicht dabei. Als die neue Bleibe dann sogar zwei Balkone hatte, erweckten sie in mir völlig überraschend die Gärtnerinnenleidenschaft. Drinnen hing noch kein Lampenschirm, aber die Balkone waren bereits im ersten Sommer schön möbliert und voller bunt blühender Blumen – aus dem Gartencenter.

Eine Begegnung mit einer Mauerbiene, die in einem Röhrchen in einem Liegestuhl auf meinem Balkon nistete, machte meinem ökologisch nutzlosen Zierpflanzenbalkon im Mai 2013 den Garaus. Bis zu diesem Tag wusste ich nicht, dass es Wildbienen gibt. Ich war perplex. Die Existenz von über 500 Wildbienenarten in Deutschland ist in meiner Schullaufbahn verschwiegen worden. Interessiert recherchierte ich zu diesen mir unbekannten Insekten. Ich erfuhr, dass meine Balkonblumen für die blütenbesuchenden Wildbienen nutzlos sind. Daraufhin stellte ich die Begrünung komplett auf einheimische Wildpflanzen um, die Nektar und Pollen als Nahrung für Bienen anbieten. Das war der Startschuss für den »Wilden Meter«, wie ich das Projekt taufte.

Inzwischen experimentiere ich im elften Jahr mit Wildblumen auf dem Balkon. Das Angebot auf dem wilden Meter richtet sich nicht nur an Bienen, sondern auch an Fliegen, Schmetterlinge, Wanzen, Käfer, Stieglitze oder Grünfinken. Sogar eine Mauereidechse wohnte einen Sommer auf dem Balkon. Die Balkone wurden lebendig. Sie verwandelten sich in Orte spannender und unterhaltsamer Naturbeobachtungen. Ich erlebe aus nächster Nähe die Abenteuer, Dramen und Liebesgeschichten der kleinen wilden Tiere, die mich im fünften Stock besuchen.

Rückblickend muss ich zugeben, das größte Geschenk mit dem insektenfreundlichen Wildpflanzenbalkon habe ich mir selbst gemacht: eine eigene kleine Wildnis mitten in München, die meinen Alltag bereichert. Ein Wildpflanzen-Balkon macht glücklich. Probieren Sie es aus. Erwecken Sie den Wildblumen-Topfgärtner in sich! Dazu möchte ich Sie mit diesem Buch ermutigen.

Ihre Katharina Heuberger

← Staudeneinkauf für meinen wilden Meter

Acker-Hummel im Anflug auf Wegerich-Natternkopf: Die plüschigen Brummer lieben Naturbalkone

Das Topfgärtner-Manifest

Vergessen Sie das Okavango-Delta, gehen Sie auf Safari auf Ihrem Balkon!

Sie haben einen Balkon oder eine Terrasse? Sie begrünen diese Räume bisher mit Geranien oder anderen Gartencenter-Pflanzen oder konnten sich zum Wildblumengärtnern bisher einfach nicht aufraffen? Interessierte, Umsteiger, Einsteiger, Unentschlossene und Aufschieber finden hier zehn gute Gründe für das Gärtnern mit Wildblumen in Blumenkästen und Töpfen. Die Erfahrung zeigt: Zur Geranie führt kein Weg zurück!

10 Gründe für Wildblumen auf Balkon und Terrasse

1. Blütengäste im Frühling, Sommer und Herbst

Wildblumen-Balkon/-Terrasse: Einheimische Blütenpflanzen und Insekten leben in engen Beziehungen miteinander. Das hat sich in den vergangenen Millionen Jahren so entwickelt und wird Koevolution genannt. Pflanzen bieten Insekten Pollen und Nektar als Nahrungsquellen, dafür werden die Blüten von ihren Gästen bestäubt. Auch Blätter, Stängel, Wurzeln oder Früchte stehen auf dem Speiseplan vieler Insekten. Eigentlich gibt es gar keinen Pflanzenteil, der nicht genutzt wird – zum Knabbern oder Saugen, aber auch zum Nisten, Schlafen oder Überwintern. So fördern Sie mit einem Wildblumenbalkon Wildbienen, Wespen, Käfer, Fliegen, Wanzen, Schmetterlinge und andere Insekten. Darüber freuen sich wiederum Vögel und Spinnen, die sich von Insekten ernähren.

Geranien-Balkon/-Terrasse: Wenn man Glück hat, verirrt sich ein Taubenschwänzchen *(Macroglossum stellatarum)* zu den Geranien, das mit dem langen Rüssel den wenigen Nektar erreichen kann, falls überhaupt noch Nektar vorhanden ist und die Geranie nicht zu sehr verzüchtet ist. Außerdem landet man manchmal im Gartencenter auch Zufallstreffer: Isländischer Mohn und Löwenmäulchen werden auch von der einen oder anderen Hummel besucht.

Die Gewöhnliche Löcherbiene liebt Korbblütler wie diese Kamillenblüten

Ein Stieglitz erntet Ende August die Samen der Schwarzen Königskerze

2. Vögel als Balkongäste

Wildblumen-Balkon/-Terrasse: Die Samenstände und Früchte manch topftauglicher Wildpflanze sind als Leckerbissen bei unseren Vögeln beliebt. Im Sommer freuen sich Stieglitze über Kornblumen und Grünfinken über Natternkopf, im Herbst lieben sie die Samen von Skabiosen und Wilder Karde. Amseln mögen im Sommer gerne Kultur-Heidelbeeren und Erdbeeren, im Herbst die Beeren des Wilden Weins und Faulbaums.

Geranien-Balkon/-Terrasse: kein Vogelfutter.

3. Safari

Wildblumen-Balkon/-Terrasse: Ihr Zuhause wird zum Naturerlebnisraum. Sie erleben die Millionen Jahre alte Beziehung von Pflanze und Tier aus nächster Nähe – auf dem Balkon sogar auf Augenhöhe. Dort sind die Tiere viel besser beobachtbar als in einem Garten, wo man sich hinknien muss. Nisthilfen für solitäre Wildbienen und Wespen steigern den Erlebniswert des Wildblumengärtnerns noch einmal. Parallel zum Lebenszyklus von Pflanzen beobachten Sie die Zyklen dieser nützlichen und liebenswerten wilden Fluginsekten.

Liebe im fünften Stock:
Paarung der Rostroten Mauerbiene

Saisonbeginn bereits im März:
Die Aussaaten der Ackerwildkräuter keimen

Spannender als jede TV-Tierdokumentation: Vergessen Sie das Okavango-Delta, gehen Sie auf Safari auf Ihrem Balkon!

Geranien-Balkon/-Terrasse: Sollten sich Nisthilfen im Geranienhabitat befinden und Insekten sich darin ansiedeln, wird man sie nicht beim Sammeln von Pollen und Nektar beobachten können.

4. Saisonbeginn

Wildblumen-Balkon/-Terrasse: Die Begrünung beginnt schon ab Anfang März mit früh blühenden Zwiebelpflanzen, Aussaaten einjähriger Pflanzen und dem Wachstum der Stauden nach der Winterruhe. Schauen Sie dem Frühling bei seiner Ankunft zu!

Geranien-Balkon/-Terrasse: Exoten aus dem Gartencenter überleben erst nach den Eisheiligen ab Mitte Mai.

5. Jahreszeiten

Wildblumen-Balkon/-Terrasse: Die einheimischen Wildpflanzen auf dem Balkon entwickeln sich jahreszeitlich wie die natürliche Vegetation im Freiland. Der Gesamteindruck der Bepflanzung verändert sich laufend. Sie erleben die Jahreszeiten auch zu Hause mit.

Geranien-Balkon/-Terrasse: Die Blumen wachsen, aber die Gesamtoptik verändert sich nicht jahreszeitentypisch. Zuerst sind die Geranien klein, dann groß, am Ende sind sie sehr groß und landen im schwarzen Sack oder in der Biotonne.

→ Auf einem naturnahen Balkon erlebt man die vier Jahreszeiten auch zu Hause mit

Frühling

Sommer

Herbst

Winter

Hungriger Besucher: Eine Raupe der Gammaeule lässt sich die Blätter einer Wald-Glockenblume schmecken

So schön kann Vergänglichkeit sein: Samenstände des Berglauchs

6. Kälte und Schnee

Wildblumen-Balkon/-Terrasse: Kälteeinbrüche im Frühjahr und auch der Frost im Winter sind kein Problem, die Pflanzen halten das aus. Die Pflanzgefäße bleiben das ganze Jahr draußen.

Geranien-Balkon/-Terrasse: Empfindliche Pflanzen müssen ins Haus, sonst gehen sie eventuell ein.

7. Naturkunde

Wildblumen-Balkon/-Terrasse: Ein Wildpflanzen-Balkon verändert sich ständig. Man erlebt den ganzen Lebenszyklus der Pflanzen auf Augen- und Nasenhöhe, vom Keimling oder den ersten Trieben bis zur Blüte und der Samenbildung. Das ist Naturkunde aus nächster Nähe.

Geranien-Balkon/-Terrasse: Man erlebt gar nichts, die Geranie oder Petunie wird einfach nur größer und größer. Ab und zu verblüht eine.

8. Krankheiten und »Schädlinge«

Wildblumen-Balkon/-Terrasse: Die Wildpflanzen sind robust und wenig krankheitsanfällig. Raupen, die Blätter fressen, und Blattläuse, die an Pflanzen saugen, werden nicht als Schädlinge betrachtet, sondern sind als Teil des kleinen Ökosystems herzlich willkommen. Blattläuse sind wichtig als Nahrung für Marienkäfer, Schwebfliegenlarven, Grabwespen-Nachwuchs und andere Insekten.

»Sie haben Blattläuse? Dann ist ja alles in Ordnung!«

Lilli Erasin, Geschäftsführerin des nachhaltigen Berliner Blumenladens Goldbeck und Naturbalkon-Gärtnerin

Geranien-Balkon/-Terrasse: Geranien sind zugegebenermaßen auch extrem robust. Zierpflanzen aus dem konventionellen Gartencenter werden jedoch in der Regel während ihrer Kultivierung mit einem Cocktail an Pestiziden behandelt, damit sie für den Verkauf makellos aussehen. Die eingesetzten Stoffe sind schädlich für Insekten, Fische, Säugetiere, Gewässer und Menschen. Mit den Pflanzen holt man sich eine Portion Gift auf den Balkon.

9. Das ganze Leben

Wildblumen-Balkon/-Terrasse: Die trockenen Stängel, Blätter und Samenstände im Herbst und Winter sind schöne Naturobjekte, kleine Skulpturen und ebenfalls lehrreich: Das Vergehen gehört zum Wesen der Natur, auch auf dem Balkon.

Geranien-Balkon/-Terrasse: Die Gartencenterblumen spiegeln den Jugendwahn unserer Gesellschaft, die Blumen sollen ewig bunt sein, nicht altern und nicht braun werden. Im Herbst werden sie dann in den Sack gesteckt, da haben sie ausgedient.

10. Geld

Wildblumen-Balkon/-Terrasse: kostengünstig. Wildpflanzen kann man selbst säen. Die Kosten für Saatgut für die kleine Fläche eines Balkons sind gering. Gekaufte Stauden, Kleingehölze und Kletterpflanzen gedeihen über mehrere Jahre in ihrem Topf; die Erde muss nicht jedes Jahr erneuert werden.

Geranien-Balkon/-Terrasse: Im Regelfall werden sowohl die Pflanzen als auch die Erde jedes Jahr neu gekauft.

Blütenfülle im
Naturgarten-
Wonnemonat Juni

Wildblumen für naturnahe Balkone & Topfgärten

Auch auf kleinstem Raum können wir Artenvielfalt schaffen und heimische Insekten und Vögel fördern. Wie im Naturgarten ist auch auf Balkon und Terrasse eine möglichst große Vielfalt an ökologisch wertvollen, heimischen Wildblumen grundlegend. Für Kasten und Kübel gibt es eine reiche Auswahl an blühenden Wildpflanzen. Auf den nächsten Seiten erhalten Sie einen Überblick über geeignete Wildblumen und darüber, was Sie bei der Pflanzenauswahl beachten müssen, damit es auch in Ihrem Kleinstnaturgarten bald summt, brummt, krabbelt, flattert und kriecht.

Balkon-Check

Welche Wildblumen passen zu meinem Balkon?

Das Gärtnern auf Balkon und Terrasse unterscheidet sich in einer Sache grundlegend vom Gärtnern im Garten. Die Blumen und Kräuter wachsen nicht im Boden, sondern in Töpfen und Kästen. Pflanzen leben dort unnatürlich beengt. Das bedeutet: wenig Erde, geringer Platz für Wurzeln, begrenzte Nährstoffe, limitierte Wasservorräte. Ein Extremstandort.

Viele unserer einheimischen Wildpflanzen sind sehr robust und kommen mit dem Standort Topf gut zurecht. Damit sie gut wachsen und für Insekten und Menschen blühen, lohnt es sich jedoch, vor dem Start zu überlegen, welche Pflanzen grundsätzlich zum Balkon und auch zur Gärtnerin oder zum Gärtner passen.

← Das goldgelbe Weidenblättrige Ochsenauge liebt sonnige Standorte – hier mit Besuch vom Kleinen Fuchs und von einer Wildbiene

↖ Sonniger Standort: Lanzett-Kratzdistel mit Erdhummel, Wildbiene und Schwebfliege

↑ Halbschattiger Standort: weiße Form der Wald-Glockenblume

← Schattiger Standort: Wald-Frauenfarn

Sonnenlicht

Die Ausrichtung eines Balkons oder einer Terrasse nach Norden, Süden, Westen oder Osten bestimmt die Dauer und Intensität der Sonneneinstrahlung. Wildpflanzen finden an Standorten in der Natur nicht immer optimale Bedingungen und sind bis zu einem bestimmten Punkt flexibel. Es genügt die dreiteilige Unterscheidung, mit der auch Gärtnereien ihre Pflanzen für Kunden auf Stecketiketten oder in Online-Shops kennzeichnen:

- **sonnig** – mindestens sechs Stunden direktes Sonnenlicht,
- **halbschattig** – etwa drei Stunden am Tag direktes Sonnenlicht, am besten keine Mittagssonne,
- **schattig** – weniger als drei Stunden am Tag direktes Sonnenlicht.

Regen

Es gibt Pflanzen, die ihrem natürlichen Standort entsprechend besser oder schlechter mit Feuchtigkeit und Nässe zurechtkommen. Der Wasserbedarf ist bei der Begrünung von nicht überdachten Balkonen und Terrassen zu berücksichtigen, wo es direkt und manchmal auch dauerhaft auf die Pflanzen und in

Regen: Bei nicht überdachten Balkonen und Terrassen sollte man auf einen guten Wasserabfluss im Topf achten

Traglast: Besonders bei großen Pflanzgefäßen mit Gehölzen ist das maximal zulässige Gewicht pro Quadratmeter zu beachten

die Pflanzgefäße regnet. Unbedingt ist bei diesem Balkontyp darauf zu achten, dass die Pflanzgefäße mit einer Drainageschicht und einem guten Ablauf ausgestattet sind, damit keine Staunässe entstehen kann, die zu Wurzelfäule führt.

Traglast

Wer nicht nur Blumenkästen an die Brüstung hängen, sondern auch Hochbeete mit einem großen Fassungsvermögen oder große Kübel aufstellen möchte, sollte sich unbedingt erkundigen, für welche maximale Nutzlast pro Quadratmeter der Balkon oder die Terrasse zugelassen ist. Je nach Baujahr eines Gebäudes sind die zugehörigen Vorschriften und Normen zu ermitteln. Wichtig: Man muss das Gewicht der Pflanzgefäße mit Pflanzen und Substrat im wassergesättigten Zustand und inklusive Schneelast berechnen lassen, um böse Überraschungen zu vermeiden. Auch bei einem Miniteich mit Wasserpflanzen oder einer Wassertonne zur Speisung einer Tröpfchenbewässerungsanlage können etliche Kilogramm zusammenkommen.

Wind

Bläst der Wind oft und stark über Balkon und Terrasse, sind Sie mit Pflanzen gut beraten, die nicht höher als 30 bis 40 Zentimeter hoch werden. Auch Stauden zur Dachbegrünung aus Pflanzenpaketen und Pflanzenlisten der Fachbetriebe für naturnahes Grün des NaturGarten e. V. (Adresse siehe Anhang auf Seite 156) bieten einen guten Anhaltspunkt, da diese grundsätzlich dafür geeignet sind, dem Wind in der Höhe ungeschützt ausgesetzt zu sein. Allerdings halten sich auf windexponierten Standorten auch über einen Meter hohe Stauden gut, wenn sie einen stabileren Stängel besitzen, wie zum Beispiel Großblütige Königskerzen *(Verbascum densiflorum)*. Um die Gefahr des Umknickens zu reduzieren, können Sie diese Pflanzen vorsorglich auch an Stützen binden und müssen so auf ihre imposante Schönheit nicht verzichten. Hohe Pflanzen mit dünneren Stängeln wie Kornblumen werden oft schon von den Böen eines starken Gewitters niedergedrückt und sehen danach meist recht mitgenommen aus.

Wind: Auch Pflanzen mit stabilem Stängel wie die Großblütige Königskerze sind an windexponierten Standorten für eine Pflanzenstütze dankbar

Das Öko-Potenzial der Balkone und Terrassen

Rund 28 Millionen Haushalte in Deutschland haben einen Balkon oder eine Terrasse. Die durchschnittliche Größe beträgt acht bis zehn Quadratmeter. Wenn man von rechteckigen Standardbalkonen ausgeht, die an drei Seiten der umlaufenden Brüstung mit haushaltsüblichen Balkonkästen von 15 Zentimeter Breite ausgestattet sind, ergäbe das eine Pflanzfläche von 1,2 bis 1,35 Quadratmetern pro Balkon. Wenn alle diese Kästen naturnah bepflanzt wären, würden 3.360 bis 3.780 Hektar insektenfreundlicher Blühfläche entstehen. Zum Vergleich: Die durchschnittliche Größe von Naturschutzgebieten in Deutschland beträgt rund 156 Hektar, 60 Prozent der Gebiete sind kleiner als 50 Hektar. Lediglich 13 Prozent sind größer als 200 Hektar.

Quellen: statista, IFH Köln, Kenzler, eigene Berechnungen

Platz: Planen Sie auch eine gemütliche Ecke für sich selbst ein!

Platz

Erfahrungsgemäß kaufen leidenschaftliche Balkongärtnerinnen und -gärtner ständig neue Pflanzen, irgendwann steht auch der Balkontisch voll und zwischen den schönen Pflanzen gibt es kaum noch Platz für Mensch und Kaffeetasse. Wenn Sie auf Balkon oder Terrasse auch sitzen, essen, arbeiten oder im Liegestuhl entspannen möchten, sollten Sie vorab einen Plan machen, welche Pflanzgefäße und welche Möbel auf dem begrenzten Raum wo und wie untergebracht werden. Denken Sie auch an einen Platz für leere Blumentöpfe und die Gartenschere.

Tipps zur Auswahl

Wildblumen für Topf und Kasten

Das Hauptprinzip des Lebens auf unserer Erde ist die biologische Vielfalt, der Reichtum an Arten und Lebensräumen und der genetischen Vielfalt innerhalb der einzelnen Arten. Rund 3900 Arten an Farn- und Blütenpflanzen sind in Deutschland heimisch. Aus dieser Vielfalt können wir auch im Naturkleinstgarten auf Balkon und Terrasse schöpfen.

Maskenbienen haben sehr kurze Rüssel von nur 1,1 Millimeter Länge. Im Bild die auf Reseden spezialisierte Reseden-Maskenbiene.

Die Sortimente der Fachbetriebe für naturnahes Grün, die nach den Qualitätskriterien des Natur-Garten e. V. und des Anbauverbands Bioland zertifiziert sind, umfassen viele Hunderte von heimischen Wildpflanzen und ihren Sorten. Ein beachtlicher Teil davon gedeiht auch in Topf und Kasten. Anders als bei Geranien, die nur nach Farbe gekauft werden, sind bei der Auswahl der Wildpflanzen für einen insektenfreundlichen Balkon genauere Pflanzenkenntnisse nützlich. Dazu ein paar Tipps zur Orientierung.

Blütenformen und -farben

Auf einem naturnahen, insektenfreundlichen Balkon ist Vielfalt angesagt. Nicht jedes blütenbesuchende Insekt kann jede Blüte nutzen. Farbe und Geruch leiten die summenden und flatternden Tiere zu den bevorzugten Nahrungspflanzen. Auch die Form der Mundwerkzeuge und Rüssel der Insekten müssen zum Bau der Blüten passen, um Nektar und Pollen ernten zu können. Je vielfältiger Blütenformen und -farben auf dem Balkon sind, umso höher ist die Wahrscheinlichkeit, vielen verschiedenen Blütengästen ein Angebot machen zu können.

← Nur kräftige Insekten wie Hummeln können die Unterlippe der Löwenmaul-Blüte nach unten drücken, um an Nektar und Pollen zu gelangen

Tagfalter wie der Große Kohlweißling erreichen mit ihrem langen Rüssel den tief verborgenen Nektar in den Röhrenblüten des Nelken-Leimkrauts

Schwebfliegen haben kurze Mundwerkzeuge und bevorzugen Doldenblütler wie die Wilde Möhre, die den Nektar leicht zugänglich anbieten

Nahrungspflanzen für Pflanzenfresser

Auch bei Insekten, die an Blättern, Stängeln oder Wurzeln fressen und saugen, gibt es Spezialisierungen und Vorlieben. Am bekanntesten sind die Beziehungen der Schmetterlingsraupen und ihrer Futterpflanzen. Den auffälligen Schwalbenschwanz *(Papilio machaon)* findet man beispielsweise an Doldengewächsen (Apiaceae) wie Wilder Möhre *(Daucus carota)* oder Dill *(Anethum graveolens)*. Aber auch weniger prominente Insekten haben Vorlieben und wurden schon auf dem Balkon beobachtet. Die unscheinbare Grüne Stinkwanze beispielsweise *(Palomena prasina)* hat ein breites Nahrungsspektrum, lebt aber gerne auf Brennnesseln und Disteln. Die Weibchen kleben ihre runden grünen Eierchen auf ihre bevorzugten Nahrungspflanzen. Nach dem Schlüpfen kann man die kleinen Wanzenkinder beim Aufwachsen beobachten.

Blühzeiten

Wenn man Pflanzen mit unterschiedlichen Blühzeiten gut kombiniert, kann man für unsere Insekten auch auf einer kleinen Fläche ein Blütenangebot von Frühjahr bis Herbst schaffen.

Blühdauer

Es gibt Wildpflanzenarten, die blühen nur vier Wochen, andere über einen Zeitraum von zwei bis drei Monaten. Auf der kleinen Fläche eines Balkongartens fällt jede Blüte ins Gewicht – für Tiere als Nahrungsquelle und den

Menschen aus optischen Gründen. Hier lohnt sich ein Blick aufs Etikett oder eine Beratung vor dem Einkauf durch die Gärtnerei.

Zweite Blüte nach Rückschnitt

Den Blütenreichtum pro Saison kann man auch mit blühenden Stauden erhöhen, die nach dem Rückschnitt ein zweites Mal blühen. Nicht alle Stauden haben diese Eigenschaft. Erkundigen Sie sich am besten vor dem Kauf bei der Gärtnerin oder dem Gärtner nach geeigneten Kandidaten.

Das Trockenheit liebende Berg-Steinkraut blüht bereits ab Ende März. Es gedeiht auch gut im Balkonkasten und im Pflanzkübel.

Nach Rückschnitt: zweite Blüte der Acker-Glockenblume im September

Nachwuchs der Grünen Stinkwanze auf dem Blatt einer Kugeldistel

Dauerblüher: Steppen-Salbei 'Mainacht'

Berglauch kommt mit Trockenheit sehr gut zurecht

Der feuchtigkeitsliebende Gewöhnliche Wasserdost kann gut in einem Pflanzgefäß ohne Abfluss gehalten werden

Wasserbedarf

Wildpflanzen sind pflegeleicht, müssen aber im Pflanzgefäß gegossen werden. Der Wasserbedarf von Pflanzen wird in den Pflanzensteckbriefen der Gärtnereien in den Abstufungen trocken, frisch, feucht und nass/sumpfig angegeben. Wählen Sie je nach Ausrichtung des Balkons und verfügbarer Zeit zum Gießen geeignete Pflanzen aus.

Lichtbedarf

Pflanzen brauchen unterschiedlich viel Licht für ihr Wachstum. Wählen Sie je nach Dauer der Sonneneinstrahlung auf Ihrem Balkon Pflanzenarten für sonnige, halbschattige oder schattige Standorte (siehe auch Balkon-Check auf Seite 21).

Hänge-Polsterglockenblume 'Stella' beeindruckt mit üppiger Blütenpracht im Halbschatten

Die Gewöhnliche Grasnelke braucht einen sonnigen Standort

Der Niederliegende Ehrenpreis ↑ wird nur etwa zehn Zentimeter hoch, die Großblütige Königskerze ← erreicht auch im Topf gerne mehr als einen Meter

→ Die Acker-Glockenblume (unten im Topf) wird den Ährigen Ehrenpreis im Topf bald ganz verdrängt haben

Wuchshöhe

Es gibt Wildpflanzen von fünf bis etwa 160 Zentimeter Wuchshöhe, die im Pflanzgefäß gedeihen und auf einem Balkon noch gut Platz haben. Persönliche Gestaltungskriterien, Größen vorhandener Pflanzgefäße, Platz und Windverhältnisse geben die Kriterien für Auswahl und Zusammenstellung vor.

Konkurrenz

In Pflanzengemeinschaften konkurrieren die einzelnen Arten um Licht und Ressourcen. Die Konkurrenzstärke einer Pflanze zu kennen, ist ein wichtiger Punkt, wenn man verschiedene Arten in ein gemeinsames Pflanzgefäß setzen möchte. Manche sind hier durchsetzungsfähiger als andere und wachsen andere im Topf geradezu über den Haufen. Bewährt hat sich, Wildpflanzen mit gleicher Konkurrenzstärke in ein Pflanzgefäß zu setzen. Noch einfacher: Setzen Sie konkurrenzstarke Pflanzen wie beispielsweise die Acker-Glockenblume *(Campanula rapunculoides)* alleine in ein Pflanzgefäß. Dort können sie ihre natürliche Frohwüchsigkeit ausleben. Erkundigen Sie sich zur Konkurrenzstärke Ihrer Wunschblume vor dem Kauf in Ihrer Gärtnerei. Informationen zu dieser Eigenschaft bietet auch die Liste empfohlener Stauden für den Topfgarten für sonnige, halbschattige und schattige Standorte im »Wildpflanzen Topfbuch« von Reinhard Witt (siehe Literaturliste auf Seite 153).

Wuchsformen

Manche Wildpflanzen wachsen aufrecht, andere bilden Polster oder hängen. Zu beachten ist auch der Platzanspruch einer einzelnen Pflanze. Aufrecht wachsende Blumen können sehr bescheidene Blumennachbarn sein, wie zum Beispiel der Kugelköpfige Lauch *(Allium sphaerocephalon)* mit seinen dünnen Blättern und Stängeln. Da passen immer noch zwei, drei mit in den Topf, auch wenn es schon eng ist. Andere Pflanzen füllen den 20-Zentimeter-Topf mit ihrem Laub alleine aus, wie zum Beispiel der Klebrige Salbei *(Salvia glutinosa)* oder die Wald-Witwenblume *(Knautia dipsacifolia)*.

Wurzelformen

Pflanzen wachsen nicht nur oberirdisch unterschiedlich hoch mit ihren grünen Teilen, sondern auch in der Erde unterschiedlich tief oder breit mit den Wurzeln. Tiefwurzler sollten Sie idealerweise nur auswählen, wenn Sie einen Topf von mindestens 30 Zentimeter Tiefe anbieten können.

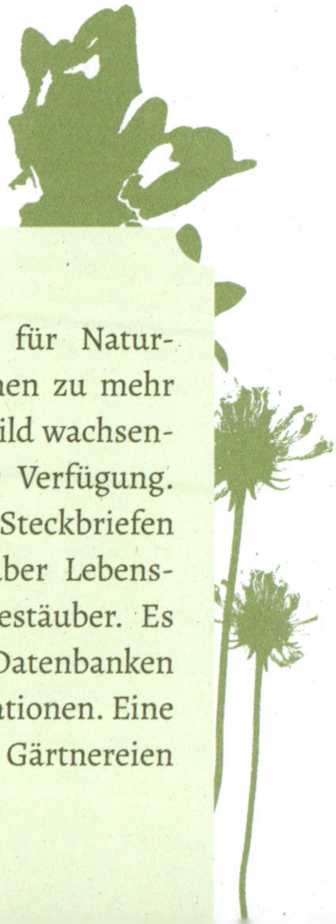

FloraWeb,

eine Datenbank des Bundesamts für Naturschutz, stellt vielfältige Informationen zu mehr als 4000 Arten der in Deutschland wild wachsenden Farn- und Blütenpflanzen zur Verfügung. Auch Neophyten sind erfasst. In den Steckbriefen erfahren Sie zum Beispiel etwas über Lebensräume, Blühzeiten und typische Bestäuber. Es gibt dort auch Links zu weiteren Datenbanken mit artenspezifischen Zusatzinformationen. Eine gute Ergänzung zu den Angaben der Gärtnereien (www.flora-web.de).

→ Die Wald-Witwenblume füllt mit ihren Blättern ganz alleine einen Topf

↓ Kugelköpfiger Lauch wächst so raumsparend, dass auch in einem vollen Kasten immer noch einige Pflanzen Platz haben

Stauden

Ideale Blühpartner im nachhaltigen Topfgarten

»Staude« ist ein gärtnerischer Begriff für ein großes Spektrum an ausdauernden krautigen Pflanzen, die jedes Jahr neu aus der Wurzel austreiben, wachsen, blühen und fruchten. Die oberirdischen Pflanzenteile sterben in der Regel nach jeder Vegetationsperiode ab. Stauden sind im Gegensatz zu Einjährigen langlebig und überdauern so mehrere Jahre an einem Standort. Das macht sie zu idealen Pflanzen für eine nachhaltige, naturnahe Balkon- und Terrassenbegrünung. Je nach Platzbedarf einer Art passen in einen Balkonkasten von einem Meter fünf bis acht Stauden.

↓ Wildstaudenbalkon in Hamburg: Blühendes Mutterkraut lockt einen Distelfalter an

Die Gewöhnliche Wegwarte ↖ – eine hohe, lang blühende, aber kurzlebige Staude – und die Großblütige Königskerze ↗, eine zweijähre Pflanze, die im ersten Jahr nur eine Blattrosette bildet

Empfohlen seien Stauden besonders Topfgarten-Einsteigerinnen und -Einsteigern. Sie sind unkompliziert und man kann ohne Vorkenntnisse starten:

- Stauden kann man praktischerweise vom Gärtner vorgezogen und pflanzfertig im Töpfchen kaufen.
- Man kann sie das ganze Jahr von März bis September kaufen und pflanzen.
- Es gibt blühende Stauden für jeden Standort.
- Einmal gekauft und eingepflanzt, bleiben Stauden mehrere Jahre im Pflanzgefäß und bilden eine dauerhafte Bepflanzung.
- Wildstauden sind im Pflanzgefäß sehr pflegeleicht: Sie werden nur ein- bis zweimal im Jahr gedüngt, ansonsten nur nach Bedarf gegossen.

Sonderfall Zweijährige

Zweijährige Pflanzen haben einen Lebenszyklus über zwei Jahre. Im ersten Jahr bilden sie nur Wurzeln und Blätter, im zweiten Jahr blühen sie, bilden Samen und sterben dann ab. Wenn Sie immer möglichst viele Blüten haben möchten, kaufen Sie die Zweijährigen am besten vorgezogen in der Staudengärtnerei, sonst blicken Sie ein Jahr nur auf grünes Blattwerk und haben keine Blüten im Topf. Einige ökologisch wertvolle zweijährige Wildblumen wie der Gewöhnliche Natternkopf *(Echium vulgare)*, die Großblütige Königskerze *(Verbascum densiflorum)* und die Wilde Möhre *(Daucum carota)* oder kurzlebige Stauden wie die Gemeine Wegwarte *(Cichorium intybus)* gedeihen sehr gut im Topfgarten. Am besten pflanzt man sie im Frühjahr vorgezogen von der Gärtnerei einzeln oder zusammen in einen Topf, nicht gemischt mit den mehrjährigen Arten. Im nächsten Frühjahr nimmt man die vertrockneten Pflanzen heraus und bepflanzt das Gefäß komplett neu. Hinweis: Hin und wieder gibt es auch Überraschungen im Topf. Manche sogenannte »Zweijährige« leben länger und treiben sogar im dritten oder vierten Jahr wieder aus.

Gelegenheit zum Wildstaudenkauf bei der Pflanzenbörse in Haar bei München

Pflanzpakete für Kübel und Blumenkästen der auf Naturgärten spezialisierten Fachbetriebe

Im Sortiment einiger Fachbetriebe für naturnahes Grün finden Sie »Pflanzpakete für sonnige und halbschattige Balkone und Terrassen«. Die Pflanzen sind mit viel gärtnerischer Erfahrung und Fachwissen zusammengestellt hinsichtlich ihrer Blütezeiten und ihrer Eignung für langlebige Gemeinschaften in Pflanzgefäßen. Dazu erhalten Sie eine Empfehlung für die Anzahl der Pflanzen pro Topf oder Kasten und für die Erde.

TIPP

Stauden säen: Mischungen oder Einzelarten

Stauden kann man auch selbst aus Samen ziehen, das ist die preisgünstigste Variante für eine dauerhafte Topfbepflanzung. Für Aussaatgefäße, pikierte Pflänzchen und Anzuchttöpfchen braucht man aber Platz, der auf Balkonen und Terrassen dann für blühendes Grün fehlt. Außerdem können von der Aussaat einer Staude bis zu ihrer Blühfähigkeit auch zwei bis drei Jahre vergehen. Wer genug Platz und Geduld hat, dem sei empfohlen, Saatgutmischungen nicht direkt in das Pflanzgefäß zu säen, in dem die Pflanzen schließlich wachsen sollen. Denn erfahrungsgemäß ist es sehr schwierig, aus dem Samentütchen die richtige Kleinstmenge für einen Topf oder Kasten mit einer ausgewogenen Mischung der enthaltenen Arten zu erwischen und diese anschließend auch noch gleichmäßig zu verteilen. Empfehlenswerter ist es, einzelne Arten aus Samen vorzuziehen und diese in der gewünschten Kombination in ein Pflanzgefäß zu setzen.

Pflanztag nach dem Einkauf in der Staudengärtnerei

Pflanzen aus dem Sortiment »Dachbegrünung« für Blumenkästen und Kübel

In der Rubrik »Pflanzen oder Pflanzpakete für Dachbegrünung« kann man bei den Fachbetrieben auch nach Blühpflanzen für Balkon und Terrasse Ausschau halten. Auf dem Dach wachsen Pflanzen aus statischen Gründen oft in nur fünf bis 15 Zentimeter dickem Substrat unter Bedingungen, die denen im Blumenkasten ähnlich sind.

TIPP

Stauden kaufen

Einheimische Wildstauden gibt es in der Regel nicht im Gartencenter, Baumarkt oder Supermarkt, sondern nur in spezialisierten Gärtnereien. Wenn Sie Ihre Pflanzen in einem zertifizierten Fachbetrieb für naturnahes Grün des NaturGarten e. V. (Deutschland), des REWISA-Netzwerks (Österreich) oder des Vereins Bioterra (Schweiz) kaufen, können Sie sicher sein, dass echte Naturgartenexperten Ihre Wildpflanzen in Bio-Qualität liefern. Auch das Projekt »Tausende Gärten – Tausende Arten« (Kooperationspartner NaturGarten e. V.) hat zum Ziel, echte einheimische Wildpflanzen in die Gartenmärkte zu bringen. Informationen zu Bezugsquellen siehe Seite 155.

Erprobte Beispiele

Insektenfreundliche Stauden für Kästen und Kübel

Hier finden Sie eine kleine Auswahl aus der Fülle der Stauden und ihrer Sorten, die in Pflanzgefäßen gedeihen. Die angegebene Blühdauer und Wuchshöhe beziehen sich auf den natürlichen Standort. In Topf und Kasten kann die Blühzeit kürzer ausfallen, auch die Wuchshöhe erreicht im Pflanzgefäß meist nicht das Maximum, das im Beet oder in der Natur erreicht wird. Wichtig: Tiefwurzler wie die Königskerzen *(Verbascum)* am besten nicht in einen Standard-Blumenkasten setzen, sondern in einen Topf mit mindestens 25, besser 30 Zentimeter Substrattiefe, damit sie über mehrere Jahre gut wachsen und lange blühen.

Stauden für sonnige Standorte

	Wissenschaftlicher Name **Deutscher Name**	Familie	Höhe Blütenfarbe	März	April	Mai	Juni	Juli	Aug	Sep	Okt
1	*Potentilla verna* **Frühlings-Fingerkraut**	Rosengewächse	5 – 10 cm gelb		✿	✿	✿				
2	*Aster alpinus* **Alpen-Aster, Wildform und Sorten**	Korbblütler	5 – 25 cm blauviolett			✿	✿	✿	✿		
3	*Lotus corniculatus* **Gewöhnlicher Hornklee**	Schmetterlings-blütler	5 – 30 cm gelb			✿	✿	✿	✿		
4	*Campanula rotundifolia* **Rundblättrige Glockenblume**	Glockenblumen-gewächse	10 – 30 cm blau				✿	✿	✿	✿	✿
5	*Salvia nemorosa* **Steppen-Salbei, Wildform und Sorten**	Lippenblütler	20 – 50 cm blaulila				✿	✿			
6	*Verbascum chaixii* **Österreichische Königskerze**	Braunwurz-gewächse	50 – 100 cm dunkelgelb				✿	✿	✿		
7	*Buphthalmum salicifolium* **Weidenblättriges Ochsenauge**	Korbblütler	30 – 70 cm goldgelb				✿	✿	✿	✿	
8	*Daucus carota* **Wilde Möhre**	Doldengewächse	20 – 100 cm weiß				✿	✿	✿	✿	
9	*Scabiosa ochroleuca* **Gelbe Skabiose**	Kardengewächse	20 – 80 cm blassgelb				✿	✿	✿	✿	✿
10	*Allium lusitanicum* **Berg-Lauch**	Lauchgewächse	10 – 40 cm purpurlila					✿	✿		
11	*Sedum telephium* **Hohe Fetthenne**	Dickblattgewächse	20 – 40 cm purpurrot					✿	✿	✿	

Stauden für halbschattige Standorte

	Wissenschaftlicher Name **Deutscher Name**	Familie	Höhe Blütenfarbe	März	April	Mai	Juni	Juli	Aug	Sep	Okt
1	*Pulmonaria officinalis* **Geflecktes Lungenkraut**	Raublattgewächse	5 – 10 cm rosa, blauviolett	✿	✿	✿					
2	*Lathyrus vernus* **Frühlings-Platterbse**	Schmetterlings- blütler	20 – 40 cm purpur		✿	✿					
3	*Stellaria holostea* **Echte Sternmiere**	Nelkengewächse	20 – 60 cm weiß		✿	✿					
4	*Geranium phaeum* **Brauner Storchschnabel**	Storchschnabel- gewächse	50 – 70 cm dunkelpurpur			✿	✿				
5	*Hieracium sylvaticum* **Wald-Habichtskraut**	Korbblütler	20 – 60 cm gelb			✿	✿	✿	✿		
6	*Ajuga reptans* **Kriechender Günsel**	Lippenblütler	15 – 20 cm blau			✿	✿	✿	✿		
7	*Astrantia major* **Große Sterndolde**	Doldengewächse	50 – 70 cm weiß				✿	✿	✿		
8	*Knautia dipsacifolia* **Wald-Witwenblume**	Kardengewächse	40 – 80 cm purpurviolett, rotlila				✿	✿	✿	✿	
9	*Campanula trachelium* **Nesselblättrige Glockenblume**	Glockenblumen- gewächse	80 – 100 cm blauviolett				✿	✿	✿		
10	*Calamintha sylvatica* **Wald-Bergminze**	Lippenblütler	30 – 50 cm blauviolett				✿	✿	✿	✿	✿
11	*Salvia glutinosa* **Klebriger Salbei**	Lippenblütler	40 – 80 cm gelb					✿	✿	✿	

6

5

7

8

11

9

10

Wildbienenfreundliche einjährige Wildblumen in voller Blüte

Einjährige

Von der Freude des Säens

Eigentlich könnte man Balkon und Terrasse nur mit vorgezogenen Stauden aus der Gärtnerei begrünen. Sie müssen nur noch eingepflanzt werden – fertig! Eine bequeme Lösung, die im Zusammenhang mit Wildpflanzen manchmal als Vorteil für den »faulen Gärtner« angeführt wird. Doch was würde uns nicht alles entgehen, wenn wir nicht auch selbst Samen in die Erde legen würden?

Einjährige Wildblumen eignen sich gut zur Naturbeobachtung. Sie keimen, wachsen, blühen, fruchten in einer Vegetationsperiode. Vielfältig geformt sind bereits die Samen. Ein Blick auf die kleinen Kunstwerke der Natur lohnt sich, bevor man sie im März oder April aussät. Kornblumensamen sehen aus wie Pinselchen, Acker-Ringelblumensamen wie Halbmonde, Ackersenf-Samen sind schwarze Kügelchen. Dann warten wir, bis die ersten grünen Keim-

Kunstwerke der Natur: vielgestaltige Samen

blättchen erscheinen. Das Wunder des Lebens ist im Balkonkasten auf Augenhöhe zu beobachten: Aus einem braunen kleinen Ding wird eine grüne Pflanze. Wenn die ersten Blätter nach den Keimblättern zu sehen sind, wird es spannend. Dann sieht man bereits die unterschiedlich geformten Blättchen. Länglich, rund, gezackt, behaart. Bei Saatgutmischungen kann man raten und das Auge schulen, welche Blumenkinder im Kasten aufgehen. Und dann sieht man ihnen beim Wachsen zu. Man erkennt auch als Laie die unterschiedlichen Charaktere und Wachstumsstrategien. Die einen wachsen ganz schnell in die Höhe, um schneller als der Nachbar ans Licht zu kommen, andere bilden zuerst Blätter in Bodennähe aus, die sich rosettenförmig ausbreiten, um Platz zu reservieren wie Urlauber mit Handtüchern am Strand von Rimini. Das alles erlebt man nicht, wenn eine Staude schon im Topf geliefert wird. Einen Nachteil bei einjährigen Blumen gibt es allerdings. Ab Mitte August sind die Farben der Sommerblumen bereits verschwunden, die Blüten haben sich in kleine braune Skulpturen verwandelt. Dann reifen die Samen, die Stieglitz und Grünfink ernten oder wir selbst für die Aussaat im nächsten Jahr. Oft säen sie sich auch in benachbarte Töpfe selbst aus und überraschen uns dort in der nächsten Saison.

Wildblumenmischung für Wildbienen

Die Kräutergärtnerei Syringa hat zusammen mit dem Wildbienenexperten Paul Westrich eine Mischung mit Einjährigen für Wildbienen konzipiert (Mischung 12). Sie sind für die Aussaat im Hausgarten und für Blühflächen im Siedlungsbereich gedacht, wurden aber auch vielfach von Wildblumen-Balkongärtnern in Topf und Kasten erprobt. Enthalten sind 21 einheimische und zwei eingebürgerte Arten aus dem Mittelmeerraum.

(www.syringa-pflanzen.de: Mischung 12, Wildblumenmischung für Wildbienen für 1 m²)

So geht's:

Samen einer Art oder Saatgutmischungen ab März direkt in den Blumenkasten oder Topf in vorgedüngte torffreie Bio-Erde säen. Wer mag, kann die oberen Zentimeter mit Anzuchterde füllen, erfahrungsgemäß klappt es auch ohne. Samen von Lichtkeimern auf die Erde streuen, fest andrücken, z. B. mit einem Holzklötzchen. Samen von Dunkelkeimern vor dem Andrücken mit einer dünnen Schicht Erde oder mit Quarzsand (durch ein Sieb geschüttelt) bedecken, etwa in der doppelten Höhe, wie die Samen groß sind. Auf gekauften Samentütchen steht in der Regel die erforderliche Menge an Saatgut in Gramm für eine bestimmte Fläche, zum Beispiel für einen Quadratmeter. Diese müssen Sie auf Ihren Blumenkasten umrechnen, wobei Sie im Topf oder Kasten ein bisschen dichter säen dürfen als im Freiland. Das Saatgut darf nie ganz austrocknen: mindestens drei Wochen feucht halten und am besten mit einer Blumenspritze täglich vorsichtig besprühen. Solange die Pflanzen klein sind, ebenfalls weiter vorsichtig gießen, damit sie nicht umknicken; später mit einer normalen Gießkanne nach Bedarf wässern. Nachdüngen ist in der Regel nicht erforderlich. Geben Sie nur dann vorsichtig Flüssigdünger zu, falls sich die Blätter gelb färben und die Pflänzchen nicht mehr weiterwachsen. Bei zu viel Dünger besteht die Gefahr, dass das Gewebe weich wird und die Pflanzen nicht mehr richtig standfest sind. Eine Pflanzenstütze ab einer Wuchshöhe von etwa 30 Zentimetern hat sich auf Balkonen bewährt. Blüten erscheinen nach acht bis zwölf Wochen.

In den Ansaatschalen spitzt der Glockenblumennachwuchs durch den Blähton

Tipp aus der Praxis von Susanne Spatz-Behmenburg, Bioland-Gärtnerei Stauden-Spatz

»Wenn Sie sich nicht sicher sind, ob Ihre Samen Licht- oder Dunkelkeimer sind, decken Sie die Aussaaten mit einer Schicht aus gebrochenem Blähton ab, etwa einen Zentimeter dick. Durch diese luftige Schicht kommen alle Sämlinge sehr gut durch, Trauermücken werden daran gehindert, ihre Eier in die feuchte Erde zu legen, sodass die Larven die Würzelchen nicht abfressen können, und beim Gießen muss man nicht ganz so vorsichtig sein, denn es wird nichts so leicht weggeschwemmt!«

TIPP

Frühblüher

Zwiebeln und Knollen richtig pflanzen und pflegen

Kaum eine Pflanzengruppe lässt sich so gut in Gefäßen kultivieren wie Pflanzen aus Zwiebeln und Knollen. Der Grund ist ganz einfach: Sie bilden keine überdimensionierten Wurzelsysteme aus und passen daher perfekt in (fast) jeden Topf. Wie Sie früh blühende Zwiebelpflanzen im Topfgarten kultivieren, welche Pflanzgefäße sich eignen und wie man die Zwiebeln und Knollen auf dem Balkon gut über den Winter bringt, verrät im Folgenden Sarah Baur von der Stauden-Gärtnerei Gaißmayer.

Gemischter Krokus-Topf: Elfen-Krokus, Frühlingskrokus 'Jeanne d'Arc' und Zweiblütiger Krokus 'Miss Vain'

Ein Männchen der Gehörnten Mauerbiene trinkt Nektar an einer Traubenhyazinthe

Bienenfreundlicher Frühblüher: Sibirischer Blaustern

»Töpfe ab mindestens 30 Zentimeter Höhe und Breite sind gut geeignet, in großen Pflanzgefäßen ist das Klima ausgeglichener als in kleinen. Sie müssen unbedingt Löcher im Boden haben, damit Gieß- und Regenwasser gut ablaufen können und sich keine Staunässe bildet. Zunächst füllt man ein Gefäß mit Drainagematerial – grober Kies oder Tonscherben eignen sich gut – und füllt mit einer rund zehn Zentimeter hohen Erdschicht auf. An das Pflanzsubstrat stellen die meisten Zwiebel- und Knollengewächse keine besonderen Ansprüche. Hauptsache, es ist durchlässig. Torffreie Blumenerde aus dem Handel oder normale lockere Gartenerde, eventuell mit grobem Sand versetzt, sind geeignet.

Zwiebeln richtig einpflanzen

Im Topf dürfen die Zwiebeln dichter gepflanzt werden als im Beet. Zwiebel- und Knollengewächse werden zweimal so tief gepflanzt, wie die Zwiebel hoch ist. Je größer der Topf ist, umso mehr Bereiche gibt es, die nicht direkt neben der Wand des Pflanzgefäßes liegen, wo die Kälte direkt auf die Wurzeln einwirkt. Am besten lassen Sie die Randbereiche frei und setzen die Zwiebeln mehr in die inneren Bereiche des Topfs. Dann zurückhaltend gießen, damit die Pflanzen mit der Wurzelbildung beginnen können. Eine frühe Bepflanzung der Töpfe im Oktober ist ideal, umso besser verläuft die Wurzelentwicklung. Aber die Pflanzgefäße können mit den meisten Blumenzwiebelarten auch noch im Dezember bestückt werden.

Im Topf darf man Zwiebeln dichter pflanzen als im Beet

Zwiebelpflanzen wie Traubenhyazinthen oder Wildtulpen sollten im Topf nicht mit Stauden gemischt werden

Pflanztipp

Legen Sie immer ausschließlich reine Zwiebeltöpfe an und stecken Sie Blumenzwiebeln von Frühblühern nicht zu anderen Pflanzen in einen Topf. Erfahrungsgemäß treiben nur sehr wenige Zwiebeln im Frühjahr wieder aus, wenn sie das ganze Jahr über mit den anderen Blumen gegossen werden.

TIPP

Winterschutz

Die Töpfe sollten im Winter geschützt stehen, damit sie nicht zu starken Temperaturschwankungen ausgesetzt sind, komplett vernässen oder durchfrieren – das ist wichtig, auch bei winterharten, robusten Arten und Sorten. Ich empfehle, die Töpfe auf einer isolierenden Schicht, zum Beispiel auf Holz, an einer Hauswand zusammenzustellen und mit Jute oder Ähnlichem zu umwickeln. Dann trifft die Kälte nicht seitlich direkt auf die Zwiebeln und Wurzeln, sondern wirkt wie im Beet nur von oben. Um starke Temperaturschwankungen im Topf zu vermeiden, die Stress für die Pflanze bedeuten, stehen die Töpfe am besten in einer schattigen Zone. Bei strengen Frösten lassen sich die

Zwiebeltöpfe und Stauden geschützt im Winterlager

Pflanzgefäße auch in einen kühlen, dunklen Keller stellen; die Zwiebeln bilden dort ebenfalls bereitwillig Wurzeln – und darauf kommt es an. Gegossen wird im Winter sehr zurückhaltend; keinesfalls dürfen die Zwiebeln und Knollen nass stehen, denn dann ist Fäulnis vorprogrammiert.

Nach der Blüte

Versetzen Sie die Gefäße nach der Blüte an einen sonnigen Platz. Solange das Laub noch grün ist, ist eine ausreichende Wasserzufuhr wichtig und eine letzte Düngergabe fördert das Wachstum. Beginnt das Laub zu vergilben, hört man auf zu gießen. Das Wachstum ist für diese Saison abgeschlossen und die letzten Energiereste werden aus den Blättern abgezogen und in der Zwiebel eingelagert. Jetzt sollten die Töpfe auch vor Regen geschützt stehen und gleichzeitig der Sonne voll ausgesetzt werden. Je trockener und wärmer, desto besser. Mitte August nimmt man die Zwiebeln aus den Töpfen und lagert sie an einem trockenen, kühlen und dunklen Platz, bis man sie im Oktober wieder einsetzen kann. Meist hat sich nicht nur eine Zwiebel aufgebaut, die die erschöpfte Zwiebel der ersten Pflanzung ersetzt. Bei wüchsigeren Sorten findet man zusätzlich noch eine oder mehrere Tochterzwiebeln, die – vereinzelt gepflanzt – nach geraumer Zeit ebenfalls zur Blüte kommen. Und ein wichtiger Tipp: Versetzen Sie neu gewonnene Zwiebeln unbedingt in ein neues Substrat – so beugen Sie Pilzkrankheiten vor.«

Besonders bienenfreundliche früh blühende Zwiebelpflanzen

Der Wildbienenforscher Paul Westrich empfiehlt von den früh blühenden Zwiebelgewächsen zur Förderung einheimischer Wildbienen vor allem Blaustern *(Scilla siberica)*, Traubenhyazinthen *(Muscari)*, Milchstern *(Ornithogalum umbellatum)* und die Weinbergs-Tulpe *(Tulipa sylvestris)* (siehe www.wildbienen.info).

Aufgrund eigener Beobachtung auf dem Campus der University of Sussex empfiehlt der britische Entomologe Dave Goulson den Frühlings-Krokus der Sorte 'Jeanne d'Arc', *(Crocus vernus* 'Jeanne d'Arc') als besonders geeignete Nektarquelle für frühe Erdhummelköniginnen *(Bombus terrestris* und *Bombus lucorum)*.

Schnittlauch schmeckt nicht nur Menschen, sondern auch Bienen gut

Kräuter und Gemüse

Tipps für insektenfreundliche Topfgärtner

Balkongärtnerinnen und Balkongärtner, die vor allem Freude daran haben, ihr Essen auf dem Balkon selbst anzubauen, können im Küchengärtlein auch etwas für unsere einheimischen Insekten tun. Der Wildbienenforscher Paul Westrich erläutert auf seiner Website www.wildbienen.info im Kapitel »Artenschutz durch Verbesserung des Nahrungsangebots«, mit welchen Heil- und Gewürzkräutern sowie Gemüsepflanzen Sie speziell Wildbienen fördern können. Wichtig: einen Teil nicht ernten, sondern blühen lassen!

Als Nektarquelle für verschiedene Wildbienenarten empfiehlt er Garten-Salbei *(Salvia officinalis)*, Muskateller-Salbei *(Salvia sclarea)*, Ysop *(Hyssopus officinalis)*, Zitronen-Thymian *(Thymus citridorus)*, Bergbohnenkraut *(Satureja montana)*, Borretsch *(Borago officinalis)* und Fenchel *(Foeniculum vulgare)*. Als reiche Pollenquelle für zahlreiche Wildbienenarten im Gemüsegarten nennt der Wissenschaftler vor allem die Blüten des Grünkohls *(Brassica oleracea cult.)* und des Rosenkohls *(Brassica oleracea cult.)*. Die auf sommerblühende Laucharten *(Allium)* spezialisierte Lauch-Maskenbiene *(Hylaeus punctulatissimus)* kann man von Juni bis August mit den dekorativen Blüten des Küchenlauchs *(Allium porrum)*, Schnittlauchs *(Allium schoenoprasum)* und der Küchenzwiebel *(Allium cepa)* unterstützen. Mehr Informationen unter: www.wildbienen.info.

Fenchel

Bergbohnen-Kraut

Borretsch

Zitronen-Thymian

Muskateller-Salbei

Ysop

Konventioneller Zierpflanzen-Balkon:
bunt, lang blühend – ökologisch sinnlos

Zierpflanzen

Exoten mit Gift im Gepäck

Zu den beliebtesten Balkonpflanzen in Deutschland, Österreich und der Schweiz gehören Geranien und Petunien. Will man sich einen insektenfreundlichen naturnahen Balkon zulegen, ist es jedoch höchste Zeit, sich von diesen Klassikern und anderen konventionellen Zierpflanzen aus dem Gartencenter zu trennen. Sie sind für Biene, Mensch, Umwelt und Klima höchst problematisch.

Problem 1: Zierpflanzen sind meist Exoten

Unsere beliebtesten Balkonpflanzen kommen aus anderen Teilen dieser Welt und sind für unsere einheimische Tierwelt weitgehend nutzlos. Geranien beispielsweise sind in Südafrika beheimatet, Petunien, Fuchsien oder Begonien in Südamerika. Dort gibt es Insekten oder auch andere Tiere wie Vögel und Fledermäuse, die sich in der Evolution an die Blütenform der dortigen Flora angepasst haben und den Nektar aus den Blüten trinken können. Diese Tiere gibt es in unseren Breiten jedoch nicht.

Nicht einheimische Zierpflanzen: Fuchsie, Elfensporn, Geranie und Schwarzäugige Susanne

Auch knapp die Hälfte der nestbauenden Wildbienenarten Mitteleuropas sind mit einheimischen Wildpflanzen grundsätzlich besser bedient, weil sie sich im Laufe von Millionen Jahren beim Blütenbesuch auf bestimmte einheimische Pflanzen spezialisiert haben und ausschließlich oder stark bevorzugt den Pollen dieser Pflanzen zur Verproviantierung ihrer Brut sammeln. Feldbeobachtungen bestätigen, dass die entsprechenden Bienenarten fehlen, wenn die spezifischen Futterpflanzen fehlen, auch wenn andere Pollenquellen vorhanden sind.

Die traditionelle bayerische Balkongeranie ist ein Exot aus Südafrika

Problem 2: Handelsware mit gefüllten Blüten

Gefüllte Blüten sind das Ergebnis züchterischer Eingriffe von Menschen, mit dem Ziel, eine größere dekorative Wirkung der Blüten zu erzeugen. Um große, bunte, gefüllte Blüten zu bekommen, werden in der Regel die Staubblätter in zusätzliche Blütenblätter umgezüchtet, manchmal auch noch die Fruchtblätter. Die Staubblätter sind die Fortpflanzungsorgane der Blüte, die Pollen produzieren, von denen sich unsere Insekten ernähren. Sollte die Blume nach der züchterischen Behandlung durch den Menschen noch Nektar erzeugen, wird die Biene dennoch meistens frustriert wieder umdrehen müssen, da die vielen Blütenblätter den Weg zum Nektar versperren.

So nützlich wie eine Plastikblume: die gefüllten Blüten der Edelrose 'Augusta Luise'

Problem 3: Balkonpflanzen sind voller Pestizide

Für eine Studie anlässlich des Weltbienentags 2021 untersuchte der Bund für Umwelt und Naturschutz Deutschland (BUND) Blühpflanzen aus Bau- und Möbelmärkten sowie Gartencentern in Deutschland und Österreich auf Pestizidrückstände und wies dabei zahlreiche Belastungen bei Gewächsen nach, die als »bienenfreundlich« beworben wurden. Der Test wurde im Jahr 2022 wiederholt und bestätigte die hohe Pestizidbelastung. Das Ergebnis: Insgesamt wurden 44 Proben untersucht. Auf 91 Prozent wurden Pestizide nachgewiesen. Es wurden insgesamt 64 verschiedene Pestizide auf den »bienenfreundlichen« Pflanzen festgestellt, elf davon sind hochgiftig für Honig- und

Handelsware im Baumarkt ist oft mit Pestiziden belastet

Wildbienen. Auf 39 Prozent der Pflanzen wurden Pestizide nachgewiesen, die zum Zeitpunkt der Probennahmen keine Zulassung in der EU hatten. Fast alle belasteten Proben wiesen Mehrfachrückstände auf. Bei einem Drittel aller Pflanzen wurden sogar zehn oder noch mehr Wirkstoffe gefunden.

»Unser Test zeigt: Die gegenwärtigen Praktiken im Zierpflanzenanbau sind katastrophal für Bienen und andere Insekten. Bienen nehmen diese schädlichen Insektengifte über Nektar und Pollen auf, so wird die gut gemeinte Bienenrettung zur Giftfalle«, kommentiert BUND-Pestizid-Expertin Corinna Hölzel das Ergebnis.

Wie international verbreitet die gängige Praxis des Gartenbausektors ist, wurde bereits im Jahr 2014 durch eine Greenpeace-Studie in zehn europäischen Ländern nachgewiesen. Von 86 analysierten Proben wurden in 84 (97,6 %) blühenden, für Bienen attraktiven Pflanzen Pestizidrückstände nachgewiesen. Nur zwei Prozent der Proben enthielten keine nachweisbaren Rückstände.

Problem 4: weite Wege

Die BUND-Untersuchung moniert auch die für Verbraucher unklare Herkunft der rund eine Milliarde konventionell erzeugten Beet- und Balkonpflanzen, die in Deutschland und Österreich verkauft werden. Auskunft erteilen sollte in der EU eigentlich der sogenannte Pflanzenpass, der als amtliches Etikett gut sichtbar an der Ware angebracht werden muss. Der BUND kritisiert den EU-Pflanzenpass als ungenügend und fordert strengere Kriterien dafür.

BUND-Expertin Hölzel erläutert: »Die in Mitteleuropa angebotenen Zierpflanzen haben oft eine lange Reise hinter sich. Die Samen oder Jungpflanzen kommen häufig aus Ländern wie Ägypten, Äthiopien, Kenia, Costa Rica, Vietnam oder Thailand, die sich aufgrund ihres Klimas besonders für die Pflanzenzucht eignen. Unter Punkt D auf dem Pflanzenpass muss das Ursprungsland der Pflanze anhand eines Länderkürzels gekennzeichnet werden. Das bedeutet aber nicht das ursprüngliche Herkunftsland, wie der Verbraucher vielleicht meinen könnte, sondern das Land, in dem die Pflanze zuletzt weiterkultiviert wurde. Wenn NL für die Niederlande oder D für Deutschland auf dem Pflanzenpass steht, können Jungpflanzen dennoch im globalen Süden gezogen worden sein.«

Die mangelnde Aussagekraft des EU-Pflanzenpasses wird vom BUND kritisiert

Nachhaltiges Upcycling:
Ein rostiger Milchtopf
dient als Pflanzgefäß

Ratgeber Pflanzgefäße

Rund, quadratisch oder rechteckig? Terrakotta, Metall oder Kunststoff? Bei der Auswahl des richtigen Topfs oder Kübels für Ihre Wildblumen sollte nicht allein die Optik entscheiden. Gefäße im Außenbereich müssen vielfältigen Ansprüchen genügen: Eis und Schnee, Sonne und Regen sollten sie aushalten. Auf Balkonen und Dachterrassen spielen zudem Platz und Gewicht eine Rolle. Und besonders wichtig für Naturgärtnerinnen und Naturgärtner: Wie steht es um die Nachhaltigkeit? Ein Ratgeber zu Vor- und Nachteilen verschiedener Gefäßtypen und -materialien.

Kleine Formenkunde

Töpfe, Kästen, Vertikal- und Hochbeete

Das Angebot im Fachhandel ist unerschöpflich: Töpfe, Kübel, Becken, Schalen, Kisten, Säcke – hoch, tief, vertikal oder hängend. Erlaubt ist, was passt und gefällt – wenn man ein paar grüne Daumenregeln beachtet.

Zunächst gilt: Groß ist besser als klein. Je mehr Erde ein Pflanzgefäß fasst, umso besser gedeihen die Pflanzen. Das Gefäß heizt sich bei direkter Sonneneinstrahlung nicht so schnell auf. Aus dem größeren Substratvolumen verdunstet weniger Wasser. Die Pflanzen müssen also weniger oft gegossen werden. Zudem können sie besser wurzeln, sitzen stabiler und finden dabei leichter Nährstoffe und Feuchtigkeit. In größere Pflanzgefäße bringt man in der Regel auch mehr Bodenleben als in kleinere.

← Pflanzgefäße auf einem Balkon in Hamburg: Wildblumen fühlen sich in den unterschiedlichsten Materialien wohl

Runde Pfanzgefäße bieten zwar weniger Pflanzfläche als eckige ↑, dafür schaffen sie größere Lücken als Rückzugsort für Insekten oder als Jagdreviere für Spinnen →

Lücken sind Ressourcen

Ein zweiter Leitgedanke lautet: Eckig ist besser als rund. Auf Balkon und Terrasse ist der Platz meist knapp. Die günstigste Raumnutzung erbringen hier quadratische oder rechteckige Pflanzgefäße. Dies schafft mehr Pflanzfläche für Wildblumen. Zwar lassen sich schmale Nischen auch hier nicht ganz vermeiden, doch Lücken sind höchst wertvolle Ressourcen für Insekten oder Spinnen, die sich hier zurückziehen, paaren, verpuppen oder jagen.

Beachten Sie bei der Gefäßauswahl unbedingt, dass Pflanzen keine Staunässe vertragen – mit Ausnahme der Sumpf- und Wasserpflanzen. Wildstauden wie der Gewöhnliche Blutweiderich *(Lythrum salicaria)* oder Wasserdost *(Eupatorium cannabium)*, die im Naturgarten am Teichrand stehen, können auf Balkon und Terrasse in Töpfen ohne Abzugsloch gehalten werden. Bei allen anderen Pflanzen muss dafür gesorgt werden, dass das Gieß- oder Regenwasser gut ablaufen kann, damit die Wurzeln der Pflanze nicht im Wasser stehen und zu faulen beginnen. Dann stirbt die Pflanze.

Wichtig sind daher Ablauflöcher im Boden und bei größeren Pflanzgefäßen auch eine Drainageschicht. Bei ausrangierten Behältern wie alten Zinkwannen oder Steingutkrügen müssen Sie die Abzugslöcher selbst anbringen. Auch bei manchen Balkonkästen aus dem Handel fehlen manchmal die Löcher, die dann nachträglich gebohrt werden müssen. Für einen Kasten von 80 Zentimeter Länge reichen zwei bis drei. Die Löcher sollten mit einem Stein oder einer Tonscherbe abgedeckt werden, damit sie nicht durch ausgeschwemmtes Substrat verstopft werden.

Pflanzgefäße mit Wasserspeicher

Beliebt bei vielen Balkongärtnerinnen und -gärtnern sind Blumenkästen mit integriertem Wasserspeicher. Der Vorteil: Die Pflanzen können sich selbst mit Wasser versorgen. Der Speicher reicht für mehrere Liter – man kann also für ein paar Tage verreisen, ohne eine Gießfreundschaft in Anspruch zu nehmen. Der Nachteil ist, dass der Raum für die Erde je nach Modell im sowieso sehr begrenzten Blumenkasten durch den Wasserspeicher noch kleiner ausfallen kann. Die Erfahrungen mit diesem Modell sind unterschiedlich. Die einen sind begeistert, andere finden es vor allem für trockenheitsliebende Pflanzen nicht ideal, da durch Regen oder Gießen immer eine gewisse Nässe im Wurzelbereich herrscht. Das Wasser kann nicht so gut ablaufen wie im Kasten ohne Reservoir. Die Folge: weniger Blüten. Hier müssen Sie die Eignung je

Bei Blumenkästen mit integriertem Wasserspeicher entfällt das tägliche Gießen im Sommer. Es gibt sie in verschiedenen Größen und Formen, zum Beispiel eckig und halbrund.

Gießwasser im Untersetzer wird gerne von Wespen genutzt

nach Standort und Pflanzenauswahl für sich herausfinden. Wichtig ist es auf jeden Fall, dass das Wasserreservoir mit einem Überlauf ausgestattet ist. So entsteht bei dauerhaftem Regen oder zu viel Gießwasser keine Staunässe.

Pflanzgefäße ohne Wasserspeicher

Behältnisse ohne Wasserspeicher benötigen einen passenden Untersetzer. Dies verhindert Streit mit Nachbarn wegen des Gießwassers, das nach unten tropft, und schützt empfindlichere Auflagenflächen wie Holzroste vor vorzeitigem Verschleiß.

Das Wasserreservoir, das sich in den Untersetzern von Töpfen befindet, wird sehr gerne im Hochsommer von Wespen als Tränke genutzt. Ist der Unterteller groß genug, kann man einen Stein als Landeplatz hineinlegen. Auch Igel und Vögel nutzen solche Strukturen gerne als Wasserquelle.

Vertikalbeet, Pflanztaschen, Hängeampeln, Rankgitter

Vergessen Sie die dritte Dimension nicht! Platz ist auf Terrasse und Balkon ein knappes Gut. Mit Vertikalbeeten, Hängeampeln und Rankgittern kann die Höhe optimal genutzt werden, um mehr Wildpflanzen unterzubringen.

Eine einfache Lösung für die Vertikale sind handelsübliche Blumentreppen oder Blumenregale, in die man seine eigenen Pflanzgefäße stellt. Noch platzsparender sind Vertikalbeete. Bei dieser Variante pflanzt man direkt in Blumenkästen, die in einem Holz- oder Stahlgestell übereinander angebracht sind. Damit die Pflanzen genügend Licht bekommen, sind bei manchen Produktvarianten die Kästen ein wenig gekippt. Leicht lässt sich das Vertikalbeet aber auch selbst herstellen, indem man eine ausrangierte Europalette umfunktioniert. Unbehandeltes Holz sollte vorher mit Bio-Leinöl imprägniert werden (siehe Seite 75).

Gut geeignet für die Begrünung der Wände auf Balkonen von Mietwohnungen sind Pflanzgefäße mit integrierten Rankgittern. So sind keine Bohrungen in die Wand notwendig, die unter Umständen von der Vermieterin oder vom Vermieter genehmigt werden müssen. Gekaufte oder selbst gebastelte Rankgitter können aber auch einfach an die Wand gelehnt werden.

Luxus-Vertikalbeet aus Holz und Edelstahl mit durchgehendem Erdkörper (Herbios)

DIY-Vertikalbeet aus Europaletten

Fertige Rankgitter in unterschiedlichen Formen, Größen und Materialien findet man im Garten-Center

Pflanzgefäße, die oben breiter sind als unten, platzen nicht so schnell bei Frost

Generell sind konische Pflanzgefäße, die nach oben hin breiter werden, weniger gefährdet, bei Frost zu zerspringen als bauchige Gefäße. Wenn die Feuchtigkeit im Erdballen zu Eis gefriert, kann dieser sich nach oben ausdehnen und sprengt nicht den Kübel.

TIPP

Pflanztaschen werden an der Wand befestigt. Problem: Bei Mietwohnungen benötigt man für die Wandbefestigung in der Regel die Genehmigung des Vermieters. Die Taschen eignen sich vor allem für Pflanzen, die wenig Substrat und Gießwasser benötigen, denn Letzteres läuft durch die Taschen einfach hindurch.

Blumenampeln und Hanging Baskets nutzen den Luftraum zusätzlich als Platz für Pflanzen. Im Zweifel ist auch hier der Vermieter zu fragen, wenn man bohren muss. Hier gedeihen Wildblumen wie Mauer-Zimbelkraut *(Cymbalaria muralis)* oder Hänge-Polsterglockenblumen *(Campanula poscharskyana)*. Generell gilt für Ampeln: Beim Gießen sind Vorsicht, Fingerspitzengefühl und ein wenig Erfahrung angesagt, da das Wasser auf den Balkon tropft.

Praktische Tisch-Hochbeete: oben Pflanzen, unten Stauraum für Töpfe und Gartenwerkzeug

Hochbeet und Tisch-Hochbeet

Unter einem Hochbeet versteht man einen großen, mit Substrat gefüllten Kasten. Die erhöhte Beetfläche ermöglicht rückenschonendes, bequemes Gärtnern – die Pflanzen kommen Ihnen entgegen. Auch stehen sie in geschlossenen Balkonen so näher am Licht. In den Hochbeet-Kästen befindet sich ausreichend Pflanzerde, in der die Pflanzen gut wurzeln können und stabil stehen. Die Beetkästen lassen sich mit passgenau zugeschnittenen Brettern aus dem Baumarkt auch leicht selbst anfertigen und individuell gestalten. Da das Gewicht auf Balkon und Dachterrasse immer eine Rolle spielt, sollte man als Alternative auch ein Tisch-Hochbeet ins Auge fassen. Hier steht der Beetkasten auf einem Gestell und reicht nicht bis zum Boden. Praktisch: Unter dem Hochbeet können Sie Ihr Gartenwerkzeug verstauen.

Kleine Materialkunde

Ton, Kunststoff, Metall, Holz, Beton

Wildpflanzen sind durch die Evolution abgehärtete Anpassungskünstler. Auf Balkon oder Terrasse gedeihen sie in allen Behältern und Materialien, die aus der Gartenpraxis bekannt sind. Ob Ton, Plastik, Metall, Holz oder Beton – Topfgärtnerinnen und Topfgärtner haben eine große Auswahl. Jedes Material hat spezifische Eigenschaften. In diesem Kapitel werden nicht nur die gärtnerischen Vor- und Nachteile zusammengestellt, sondern auch die Nachhaltigkeit und die Klimafreundlichkeit des Angebots unter die Lupe genommen.

Als Daumenregel gilt beim Material: je leichter, umso besser. Balkone und Dachterrassen sind Orte mit begrenzter Traglast. Jedes Kilogramm zählt. Deswegen berechnen Fachbetriebe für Gartenplanung beispielsweise bei der Begrünung einer Dachterrasse vorab das maximal zu erwartende Gewicht eines Pflanzgefäßes pro Quadratmeter, inklusive Schnee, Regen- oder Gießwasser, und vergleichen es mit der für das Gebäude zugelassenen Norm. Außerdem sind leichte Gefäße für Balkongärtner einfacher zu verrücken oder zu heben.

Ton: der Klassiker

Das Gestalten und Brennen von Ton ist eine Kulturtechnik, die schon in prähistorischen Zeiten bekannt war. Vielleicht wirkt das Material deswegen heute noch besonders ansprechend auf uns. Im Angebot sind unglasierte und glasierte Produkte.

Bunte Vielfalt der Materialien kann bei Pflanzgefäßen sehr dekorativ sein

Ton

- \+ in allen Formen und Farben erhältlich
- \+ natürliches Material

- +− mittlere bis gute Recyclingbilanz
- +− mittlere Klimabilanz

- − relativ teuer
- − nicht bruchsicher
- − meist nicht winterhart
- − relativ schwer

Shabby Chic ist schön und nachhaltig: ein zerbrochener bepflanzter Tontopf

Unglasierte Tongefäße sind porös und daher wasserdurchlässig. Je nach Kalkgehalt des örtlichen Wassers kommt es dadurch früher oder später zu weißen Ablagerungen auf der Oberfläche, auf der sich allmählich auch Fotosynthese betreibende Blaualgen ansiedeln – beides zusammen führt zur unverwechselbaren kalkig grünblauen Patina des Tonguts, die einen Hauch von Italienurlaub auf Balkon oder Terrasse holt. Unglasierter Ton ist durch seine Porosität atmungsaktiv und temperaturregulierend. Weil Wasser durch die Wände diffundieren und auf der Oberfläche verdunsten kann, bleibt es im Erdreich länger kühl. Nachteil: Bei Minustemperaturen zerspringen die nassen Gefäße leicht. Sie müssen im Winter gegen den Frost geschützt werden.

Ton ist ein besonders nachhaltiges Naturmaterial, das sehr langlebig sein kann, wenn man es nicht zerbricht – die vollständig erhaltene Ton-Venus von Vestonice in Tschechien soll fast 30 000 Jahre alt sein. Geht ein Topf kaputt, können die Scherben im Schuttcontainer des Wertstoffhofs entsorgt und dem Stoffkreislauf wieder zugeführt werden.

Glasierte Töpfe sind teurer. Die Oxidfarben von Blau über Gelb bis Braun können je nach Geschmack kombiniert werden. Die Glasversiegelung verhindert den Aus- oder Eintritt von Feuchtigkeit. Aber: Trotz Glasur ist nicht jedes Behältnis in der Praxis winterhart. Der Preis ist wohl der beste Indikator für Qualität – nicht ganz preiswert, aber entsprechend robust ist doppelt gebrannte, dickwandige Ware mit Glasur. Hintergrund: Bei sehr hohen Temperaturen oder doppelter Brennung bilden sich kristalline Verbindungen zwischen den Tonmineralien, die wie eine zweite Glasur wirken.

Kunststoff: der Vielseitige

Kunststoff, umgangssprachlich auch Plastik genannt, gibt es in vielen verschiedenen Sorten. Pflanzgefäße aus Kunststoff haben das geringste Gewicht aller hier aufgeführten Materialtypen, weshalb sie gerne auf Balkonen und Terrassen zum Einsatz kommen. Ein großer Pflanzkübel aus Plastik ist ähnlich stabil wie einer aus Faserbeton, schlägt ihn in puncto Gewicht aber um Längen.

Optisch kann man Kunststoff das Aussehen von Holz, Metall oder Stein geben – die Imitate im Gartenhandel werden immer besser. Wie glasierte Terrakotta ist Plastik wasser- und luftundurchlässig. Vorteil: Die Pflanzerde bleibt länger feucht. Am Extremstandort Balkon oder Terrasse heizt sich das Material aber vergleichsweise schnell auf. Bei Sonneneinstrahlung entstehen vor allem in schwarzen, einwandigen Pflanzbehältern sehr hohe Temperaturen. Besser sind doppelwandige Behälter mit Isolationseffekt.

Die Lebenszeit von Kunststofftöpfen hängt von der Verarbeitungsqualität ab. Zwar reagiert Plastik im Allgemeinen mit Licht und dem Sauerstoff der Atmosphäre. Es wird mit der Zeit spröde und brüchiger, doch gut verarbeitete Fabrikate halten durchaus 15 bis 20 Jahre.

Neben diesen vielen unbestreitbaren Vorteilen hat Kunststoff leider einen gewaltigen Nachteil: mangelnde Klima- und Umwelttauglichkeit. Die Grundbausteine werden unter hohem Energieaufwand aus Erdöl gewonnen. Einen geschlossenen Stoffkreislauf für alle Kunststoffsorten gibt es nicht. Laut Plastik-Atlas der Heinrich-Böll-Stiftung werden in Europa nicht einmal 40 Prozent aller Kunststoffe, die auf dem Müll landen, einer Wiederverwendung zugeführt. Zwar verfügen die Abfallwirtschaftssysteme über Laseranlagen, die Kunststoff im Sortiergut erkennen und per Luftstoß aussortieren. Dies gilt

Kunststoff

- ⊕ sehr günstig
- ⊕ sehr leicht
- ⊕ frostsicher
- ⊕ alle Formen und Farben erhältlich

- +− mittlere bis lange Lebensdauer
- +− im Alter spröde, nicht mehr bruchsicher

- ⊖ begrenzt recycelfähig
- ⊖ schlechte Klimabilanz
- ⊖ giftig als Mikroplastik
- ⊖ teilweise mit Weichmachern

Isolationseffekt: Doppelwandige Kunststoffgefäße heizen sich nicht so schnell auf

Schwarzer Kunststoff wird in Sortieranlagen der Recycling-Industrie von Lasern bislang nicht erkannt, bunte Ware schon

Leicht, wasserdurchlässig und flexibel: Pflanztasche aus Geotextil

aber nur für buntes Plastik. Schwarze Ware identifizieren die Sensoren nicht. Sie wird im Restmüll mitverbrannt. Auch die aussortierte Buntware ist nicht zu 100 Prozent recyclingfähig – der Löwenanteil landet auf Mülldeponien im Ausland, in den Ozeanen, wird ebenfalls verfeuert oder zu schwarzer Ware verschmolzen.

Einzig Plastikpfandflaschen aus PET (Polyethylenterephthalat) werden mit einer Quote von 95 Prozent erfolgreich recycelt. Aus PET-Granulat werden auch viele Pflanzgefäße gefertigt. Grundsätzlich kreislauffähig sind zudem PP (Polypropylen) und PE (Polyethylen). Beim Einkauf sollte man darauf achten. Eine Entscheidungshilfe ist hier das Siegel des Blauen Engels. Abzuraten ist von Behältnissen aus PVC. Dieser Kunststoff enthält das giftige Element Chlor und wird aufgrund seiner Sprödigkeit in aller Regel mit Weichmachern angereichert.

Noch ein Hinweis: Manchmal werden Mörtelbottiche neu oder gebraucht als kostengünstige großräumige Pflanzbehälter empfohlen. Hier ist Vorsicht angesagt. Sie enthalten ebenfalls oft für Menschen gesundheitsschädliche Weichmacher. Erfahrungsgemäß können sie auch noch nach zehn Jahren und mehr unangenehm nach »Chemie« riechen. Und schlimmer noch: Die Weichmacher werden mit dem Wasser auch von der Pflanze aufgenommen. Vom Verzehr von Gemüse, das im Mörtelbottich wächst, sei unbedingt abgeraten. Da Chemie nicht in einen Naturgarten gehört, gehören diese Mörtelwannen sowieso nicht auf den naturnahen Wildpflanzen-Balkon.

Eine weit bessere Idee für Umwelt und Brieftasche ist der Erwerb herkömmlicher Kunststofftöpfe oder -kästen auf Flohmärkten. Dort gibt es immer wieder hervorragende Ware – gebraucht oder sogar fabrikneu – zu günstigen Preisen oder geschenkt. Ihr Einsatz in der ursprünglich geplanten Verwendung ist nachhaltiger als die Verfeuerung im Müllheizkraftwerk.

Metall: solide und langlebig

Pflanzgefäße aus Metall sieht man selten – dabei sind sie für das Wildblumengärtnern bestens geeignet. Balkonkästen aus verzinktem Blech sind beispielsweise nicht besonders schwer, aber höchst stabil. Wie Plastik und glasierter Ton halten Metallkästen die Feuchtigkeit länger im Substrat; sie heizen sich aber bei Sonneneinstrahlung auch auf.

Metall ist ein langlebiges Material, doch der Zahn der Zeit nagt auch hier beständig. Ein verzinkter Balkonkasten im Dauereinsatz bringt es erfahrungsgemäß auf eine Lebensdauer von ungefähr 15 Jahren. Irgendwann bilden sich

Metall

- (+) bruchsicher und sehr stabil
- (+) günstig
- (+) meist relativ leicht
- (+) sehr langlebig
- (+) frostsicher
- (+) gute Recyclingbilanz
- (+–) mittlere Klimabilanz

Langlebig: 60 Jahre alte Bauern-Milchkanne aus Metall als Pflanzgefäß

Metall-Eimerchen als Pflanzgefäße sind frostbeständig und bruchsicher. Wichtig: Abflusslöcher nicht vergessen!

die ersten Rostlöcher, da hilft auch die Zinkversiegelung nichts. Bei Behältern aus Edelstahl, die auch im Handel zu finden sind, sollte die Haltbarkeit länger sein.

Metall ist ein begehrter Werkstoff, deswegen ist die Recyclingquote sehr hoch. Laut Umweltbundesamt liegt sie aktuell bei 92 Prozent. Rund 70 Prozent des jemals erzeugten Metalls ist heute noch in Verwendung. Die Pflanzgefäße können im Schrott-Container des Wertstoffhofs entsorgt werden. Zudem eignen sich ausrangierte Haushaltsutensilien aus Metall wie Töpfe, Eimer und Wannen für die nachhaltige Wiederverwendung als Pflanzgefäß auf Balkon und Terrasse. Auch hier gilt: Löcher für den Wasserablauf nicht vergessen!

Faserbeton: vielseitig, mit Klima-Handicap

Pflanzkübel aus Faserbeton gibt es sowohl in leichten dünnwandigen als auch in schwereren Varianten, das macht sie vielfältig einsetzbar. Faserbeton ist ein Verbundstoff aus Zement und Kunststoff- oder Glasfaser. Nachhaltiger, da leichter zu recyceln, ist die Variante mit Glasfaser. Das Material ist witterungsbeständig, es hält frostigen Temperaturen, Regenfällen und Sonneneinstrahlung stand. Mittlerweile sind die Produkte auch in ästhetisch ansprechenden Ausführungen erhältlich – sie sind dann allerdings verhältnismäßig teuer.

Das Handicap: Die Betonindustrie ist laut Daten des Weltklimarats (IPCC) einer der größten Klimasünder überhaupt. Fast jede zehnte Tonne CO_2, die weltweit verblasen wird, geht auf sie zurück. Das ist mehr als alle Rechenzentren und der Flugverkehr ausmachen. Das Problem ist dabei nicht einmal so sehr der Energieaufwand für die Erzeugung – ähnlich hoch wie bei Metall oder Kunststoff –, sondern der Stoff selbst. Zement setzt bei seiner Bildung aus Kalkstein enorm viel Kohlenstoff frei. Zwar bindet er, einmal verbaut, über seine gesamte Lebenszeit auch wieder CO_2 aus der Atmosphäre. Für diesen Prozess muss man aber mit Zeiträumen von mehreren Jahrzehnten bis zu einem Jahrhundert rechnen – zu langsam in Zeiten des Klimanotstands.

Faserbeton

- \+ bruchsicher und sehr stabil
- \+ günstig
- \+ sehr langlebig
- \+ auch in leichten Varianten erhältlich
- \+ frostsicher

- +– mittlere Recyclingbilanz

- – sehr schlechte Klimabilanz

Upcycling

Gebrauchte Blumentöpfe finden Sie oft kostenlos über Nachbarschaftsportale wie nebenan.de. Auch auf Friedhöfen landen viele gebrauchte Blumentöpfe im Abfallbehälter. Hier muss man aber mit der Friedhofsverwaltung vorher abklären, ob man diese mitnehmen darf.

TIPP

Selbst gemacht: Blumenkästen aus Terrassendielen (hinten), Pflanzelemente aus bemalten Europaletten

Holz: natürlich, praktisch, nachhaltig

Holz ist ein natürlich nachwachsender Rohstoff, den klima- und umweltbewusste Wildpflanzengärtner mit ruhigem Gewissen einsetzen können. Vor allem, wenn er aus zertifizierten Wäldern stammt. Gut ist das FSC-100%-Siegel, besser noch die zusätzliche Naturland-Zertifizierung. Holz mit Nachhaltigkeits-Siegel ist ein wenig teurer, weil es aus einer ökologisch vertretbaren Bewirtschaftung stammt. Jeder Cent lohnt sich! Übrigens: Begriff und Konzept der Nachhaltigkeit stammen ursprünglich aus der Forstwirtschaft und wurden in Deutschland bereits im 17. Jahrhundert entwickelt. Sie beschreiben das Prinzip, nach dem nicht mehr Holz gefällt werden darf, als nachwachsen kann. Der daraus entwickelte moderne und umfassendere Grundsatz besagt, dass nicht mehr natürliche Ressourcen verbraucht werden dürfen, als sich regenerieren können.

Meist sieht man Holz bei größeren Pflanzkästen im Einsatz. Die lassen sich aus wetterfesten Robinien-, Eichen- oder Douglasien-Brettern leicht selbst herstellen. Mit einer Beständigkeit von 15 Jahren oder mehr kann rechnen, wer die Planken mit Bio-Leinöl imprägniert. Dieses natürliche, ungiftige und vor allem atmungsaktive Produkt ist das Geheimnis aller Fachwerkhäuser, die heil

Zweites Leben: Obstkisten als Mini-Beet

Mehrzweckbau aus Holz: Vogelhäuschen und Pflanzgefäß

durch die Jahrhunderte gekommen sind. Als Holzschutz geeignet ist das reine Bio-Leinöl, wie es auch in der Küche verwendet wird. Nachteil: Es hat lange Aushärtungszeiten. Handelsübliche Naturprodukte für den Holzschutz aus Leinöl enthalten deshalb oft sogenannte Sikkative, Stoffe zur Beschleunigung der Trocknung, die allerdings toxikologisch nicht unbedenklich sind. Schlägt man den Innenraum der Pflanzkübel mit Folie aus, erhöht auch dies die Lebensdauer und verhindert, dass Wasser aus Ritzen läuft.

Holz

- + nachwachsendes Material
- + gute Klimabilanz
- + imprägniert relativ langlebig
- + kann individuell gestaltet werden
- + frostsicher

- +− mittelschwer
- +− mittlere Preislage
- +− stabil, nicht immer bruchsicher

Als Folie bieten sich die ausgedienten Plastiksäcke von Blumenerden an. Eine weitere hübsche Upcycling-Idee für Holz sind Regalbeete aus alten Europaletten. Die lassen sich mit Bio-Farbe auf Leinöl-Basis individuell gestalten und sind mittlerweile so beliebt, dass der Handel dafür passende Gefäßeinsätze aus Metall anbietet. Doch aufgepasst: Die Betonung liegt auf *unbehandelter* Europalette. Andere Formate sind oft mit giftigen Substanzen imprägniert und gehören auf den Sondermüll.

Bio-Leinöl eignet sich als Holzschutz für Pflanzkästen und andere Balkonmöbel wie Holzroste

Für Balkongärtnerinnen und Balkongärtner empfohlen: Gartenerde. Sie bringt Bodenleben in den Topf.

Substrat für Wildblumen im Sonderstandort Topf

41 P
44 P
11 I
PFLANZSUBSTRATE
PLEINFELDER
QUARZSAND 0/2
MANCHINGER
SAND 0/4
KABELSAND 0/4
PERLIT
ZIEGELSAND 0/8
LAVA 3/8

In der Natur oder im Garten wachsen Wildpflanzen im Boden. Die Wurzeln können sich ausbreiten und die Pflanze mit Wasser und Nährstoffen versorgen. Der Wurzelraum einer Topfpflanze hingegen ist unnatürlich stark eingeengt. Damit die Pflanzen über Monate oder Jahre im Sonderstandort Pflanzgefäß gut gedeihen, brauchen sie ein geeignetes Substrat, das günstige Wachstumsbedingungen schafft. Grundsätzlich gilt: Torfhaltige Erde ist tabu!

Die richtige Erde für Topf und Kasten

Kaufen oder selbst mischen

Leider gibt es für das Gärtnern mit Wildpflanzen in Gefäßen noch keine optimierte Pflanzerde im praktischen Sack zu kaufen. Topfgärtnerinnen und Topfgärtner können aber auf fertige Substrate aus anderen Sortimenten zurückgreifen oder selbst mischen. Torfhaltige und stark vorgedüngte konventionelle Blumenerde ist nicht geeignet.

Gärtner unterscheiden zwischen natürlich entstandenem »gewachsenen Boden« im Freiland und dem »Substrat« für Kulturen in Gefäßen. Substrate sind meist eine Mischung aufbereiteter organischer und mineralischer Stoffe.

← Muster von Sanden, Erden, Komposten und Substraten eines Münchner Erdenwerks

Substrat-Rezepturen von Erdenwerken sind geheim. Die unterschiedliche Zusammensetzung ist aber mit dem bloßen Auge erkennbar.

Organische Bestandteile sind pflanzlichen Ursprungs, zum Beispiel Rinde oder Grünschnittkompost. Mineralische Zuschlagstoffe sind anorganisch, dazu gehören Sand, gebrochener Blähton oder Bims. Im Handel werden Substrate an Hobbygärtnerinnen und -gärtner als Blumen- oder Pflanzerde verkauft. Sie sind dazu bestimmt, den Pflanzen im Sonderstandort Topf als Wurzelraum zu dienen und günstige Wachstumsbedingungen zu schaffen. Die Zusammenstellung der Bestandteile der verschiedenen Erden hat das Ziel, die Pflanzenwurzeln optimal mit Wasser, Luft und Nährstoffen zu versorgen. Das ist umso schwieriger, je kleiner der zur Verfügung stehende Wurzelraum ist, wie zum Beispiel im Blumenkasten auf dem Balkon.

Die Aufgabenstellung an das Substrat im Pflanzgefäß ist komplex. So soll es beispielsweise überschüssiges Gieß- und Regenwasser rasch abfließen lassen, damit keine Staunässe entsteht und wieder ausreichend luftgefüllte Poren für die Wurzelatmung zur Verfügung stehen, gleichzeitig soll es aber Wasser auch speichern können. Denn Pflanzen brauchen Wasser für lebensnotwendige Prozesse wie beispielsweise das Wachstum, die Fotosynthese oder den Transport von Nährstoffen. Die deklarierten Grundkomponenten wie Rindenhumus, Grüngutkompost oder Holzfaser sind bei den Substraten meist ähnlich. Die konkreten Rezepturen und Mischverhältnisse werden von den Erdenherstellern jedoch als Betriebsgeheimnisse streng gehütet.

Für Selbstmischer empfohlen: lehmhaltiger, ungewaschener Sand aus dem Erdenwerk

Wer kein Erdenwerk in der Nähe hat, kann zum Mischen auch gewaschenen Spielsand aus dem Baumarkt verwenden

Substrate für Wildstauden

Da die Stauden im Topfgarten mehrere Jahre im Pflanzgefäß bleiben, ist es grundsätzlich sehr wichtig, dass die Erde mineralische Bestandteile enthält. Das stellt sicher, dass das Substrat lange strukturstabil bleibt, das heißt, sich nicht zu sehr verdichtet und immer genügend Luft an die Wurzeln kommt, wenn sich der Anteil organischer Bestandteile allmählich zersetzt.

1. Substrat für Wildstauden selbst mischen

Mindestens ein Drittel sollte immer aus mineralischem Material bestehen.

Bewährte Substratrezepte für Wildstauden in Pflanzgefäßen

- **Rezept 1:** Allrounderde für alle Standorte – 2 Zutaten
  2/3 torffreie Bio-Blumenerde
  1/3 lehmiger Sand
- **Rezept 2:** Allrounderde für alle Standorte – 3 Zutaten
  1/3 torffreie Bio-Blumenerde oder unkrautfreie Gartenerde oder Lehm
  1/3 gütegesicherter Grünkompost (RAL)
  1/3 mineralische Stoffe wie Sand, Lava, Naturbims, Blähton, Splitt oder Kies

2. Substrat für Wildstauden fertig gemischt kaufen

Fertig gemischte Substrate mit einem hohen mineralischen Anteil findet man auf dem Markt beispielsweise als Kübel- und Trogerde, Staudenerde oder Dachgartenerde (hier »Intensiv-Erde« mit mehr Nährstoffen wählen und nicht »Extensiv-Erde«). Falls diese nicht vorgedüngt sind, wie es bei Dachbegrünungssubstraten manchmal der Fall ist, dann sollte man eine kleine Startdüngung mit organischem Dünger beim Einpflanzen ins Substrat geben.

Für die lose Ware aus dem Erdenwerk unbedingt an geeignete Transportbehälter denken!

Substrate für Einjährige

Verwenden Sie einfach torffreie Bio-Blumenerde. Einjährige sind nur eine Saison im Pflanzgefäß in der Erde. Diese kann aus den Wurzeln geklopft, gut aufgelockert und mit Kompost aufbereitet wieder verwendet werden.

Substrate für Blumenzwiebeln

Verwenden Sie torffreie Bio-Blumenerde (siehe auch Frühblüher-Tipps Seite 46).

Nicht vergessen: Drainageschicht für alle Pflanzgefäße

Wichtig, bevor Sie Ihr Substrat in Kästen und Töpfe füllen: eine Drainageschicht aus etwa zwei bis fünf Zentimeter (je nach Gesamtgröße des Pflanzgefäßes) gebrochenem Blähton, Blähton, Kies, Ziegel oder Ähnlichem einfüllen. So kann Wasser gut abfließen. Auf die Drainageschicht sollten Sie zusätzlich noch ein wasserdurchlässiges Vlies legen, damit keine Feinanteile der Erde in die Drainageschicht eingeschwemmt werden, die die Abflusslöcher verstopfen können.

Für die Drainageschicht eignet sich gebrochener Blähton

Blumenerde einkaufen

Worauf Sie achten müssen

Torffreie Blumenerde, Kübel- und Dachgartenerden sowie die Bestandteile für das Mischen von Substrat für Wildstauden gibt es in Naturkostläden, Gartencentern, Erdenwerken und auch im Internet zu kaufen. Für ein erfolgreiches Gärtnern, aber auch für den Klima- und Artenschutz, gibt es dabei einige grundlegende Dinge zu beachten!

Torffreie Blumenerde: Torffrei und biologisch gärtnern!

Bitte gärtnern Sie ausschließlich mit torffreier Erde. Für den Abbau von Torf werden Moore und somit wertvolle Lebensräume für spezialisierte Pflanzen und Tiere zerstört. Außerdem wird sehr viel klimaschädliches CO_2 freigesetzt. Torffreies Gärtnern ist Umwelt- und Klimaschutz!

Wichtig: Torffrei ist nicht immer Bio. Bio ist nicht immer torffrei.

Der Begriff »Bio« ist bei Pflanzerden nicht gesetzlich geschützt wie bei Lebensmitteln. Teilweise wird er irreführend benutzt, denn Bio-Erden haben häufig auch konventionelle Komponenten. Zum Beispiel Hornmehl aus

Erdvolumenrechner im Internet rechnen für Sie aus, wie viele Liter Blumenerde nötig sind, um einen Topf oder Kasten zu füllen. Sie müssen nur die abgefragten Maße eintippen. Dieses praktische Tool finden Sie z. B. auf dem Blog »Garten-Gnom« unter www.gartengnom.net/rechner/volumen.

TIPP

Aufgepasst: Bio-Erde ist nicht immer torffrei!

konventioneller Herkunft oder Kompost aus städtischen Biomüllsammelanlagen. Korrekter wäre es, von Substraten und Erden zu sprechen, welche auch im ökologischen Landbau eingesetzt werden können. Das heißt nach den Vorgaben der EU-Rechtsvorschriften für den ökologischen Landbau; vor allem: Bio-Erden dürfen nur organischen Dünger enthalten. Kunstdünger sind verboten. Hinweise auf die Qualität gibt das RAL-Siegel der Gütegemeinschaft Substrate oder der Hinweis auf das Forschungsinstitut für biologischen Landbau (FiBL).

Kokosfasern

Kokosfasern und Kokosmark fallen als Nebenprodukte im Kokosnussanbau an und gehören zu den Hauptalternativen zu Torf in gartenbaulichen Substraten. Ein augenfälliger Nachteil von Kokosprodukten: Sie haben sehr weite Transportwege, kommen meist aus Indien oder Sri Lanka und verursachen so hohe CO_2-Emissionen. Zudem sind die Produktionsbedingungen in den Herkunftsländern oft intransparent. Die Verwendung von torffreien Erden, die nahezu ausschließlich aus Kokosfasern bestehen, ist daher nicht zu empfehlen.

Sand

Der Sand sollte vorzugsweise ungewaschen und lehmhaltig sein, da dieser Nährstoffe besser halten kann. Ungewaschenen Lehmsand gibt es im Erdenwerk auch in Kleinstmengen sehr günstig zu kaufen. Wenn Sie keinen ungewaschenen Lehmsand bekommen, können Sie als zweitbeste Lösung gewaschenen Sand verwenden, z. B. Spielsand aus dem Handel. Dieser sollte TÜV-geprüft sein, ohne Schadstoffe.

Kompost

Verwenden Sie Grünschnittkompost mit dem RAL-Gütesiegel. Kompost, in dem Essensreste mitkompostiert wurden, ist nicht geeignet, da der Salzgehalt des Komposts zu hoch ist.

Dünger

Fertige Substrate sollten, wenn sie vorgedüngt sind, nur organischen Dünger enthalten.

Torf

Gärtnerliebling und Klimakiller

Wer Balkon oder Terrasse bepflanzen möchte, braucht Blumenerde. Die enthält meistens Torf. Ein Substrat mit vielen Fähigkeiten, auf das weder Handel noch Gartenbau verzichten möchte, obwohl der Abbau mit massiven Folgen für die Umwelt verbunden ist. Doch es geht auch ohne!

Torf ist das organische Bodensediment aus abgestorbenem Pflanzenmaterial, auf das man stößt, wenn man ein Moor trockenlegt. Ursprünglich nutzte die Menschheit dieses Material, um zu heizen. Schon Plinius der Ältere berichtet vom Torfabbau in Germanien und dessen Nutzung als »brennende Erde«. Nicht von ungefähr siedelten sich die ersten größeren Gewächshausbetriebe in Deutschland im 19. Jahrhundert in der Nähe von Abbaustätten dieses günstigen Heizmaterials an.

Raubbau an der Natur: Torfgewinnung im Provinzialmoor im Landkreis Emsland, Niedersachsen

Nordische Moosjungfer: Diese Libellenart gilt aufgrund der Zerstörung von Moorbiotopen laut Roter Liste Deutschland als gefährdet

Torf: Stoff der vielen Eigenschaften

Dort entdeckte man auch bald die gärtnerisch wertvollen Eigenschaften von Torf. Innerhalb kurzer Zeit wurde er zum Ausgangsstoff für Kultursubstrate, besser bekannt als Blumenerden. Die Vorteile von Torf gelten in der Branche als unschlagbar:

- Torf macht das Substrat luftig. Sein poröses Volumen versorgt die Pflanzenwurzeln zuverlässig mit Sauerstoff.
- Gleichzeitig ist Torf stabil, sackt nicht zusammen und verleiht den Pflanzen daher sicheren Halt.
- Torf ist ein guter Wasserspeicher und er gibt die Flüssigkeit, wenn nötig, auch zuverlässig wieder an die Pflanzen ab.
- Die im Erwerbsgartenbau mit Abstand beliebtesten Charakteristika des Torfs sind aber seine Nährstoffarmut und der geringe pH-Wert (sauer). Dadurch kann das Substrat passgenau aufgedüngt und per Kalkzugabe auf jeden gewünschten höheren pH-Wert eingestellt werden. Diese geradezu sensationelle Kombination ermöglicht die optimale Anzucht von Pflanzen, die punktgenau zur Saison und mit »*bella figura*« in den Handel kommen sollen.

Die Gewinnung von Torf aus intakten Mooren ist in Deutschland verboten. Ein unsinniger Gesetzeskompromiss erlaubt aber den weiteren Abbau in landwirtschaftlich genutzten oder bereits trockengelegten Flächen und sogar in intakten Mooren bei noch laufenden langfristigen Abbaugenehmigungen. Nach dem Abbau müssen ehemalige Moore renaturiert werden, da sie unabdingbar für den Klima- und Artenschutz sind. Besser wäre es aber, die Flächen ohne Zwischennutzung sofort wiederherzustellen oder die Moore erst gar nicht anzutasten.

Scheidiges Wollgras: Dieser spezialisierte Moorbewohner steht mittlerweile auf der Vorwarnstufe der Roten Liste Deutschland

Gewöhnlicher Teufelsabbiss: Die nektarreiche Pflanze wächst bevorzugt auf Moor-Magerwiesen. In einigen Bundesländern steht sie auf der Roten Liste in der Gefährdungskategorie 3.

Torf-Raubbau: ein Verbrechen, das sich lohnt

Laut Faktenblatt des Industrieverbands Garten (IVG) werden in Deutschland jährlich rund 4,2 Millionen Kubikmeter Torf für den Einsatz in Pflanzerden abgebaut. Noch einmal dieselbe Menge wird importiert, davon rund 3,8 Millionen Tonnen allein aus dem Baltikum.

Der Verzicht auf Torf fällt vielen Gartenbau-Betrieben schwer – selbst solchen mit einem Bio-Siegel. Die Forschung hat in den vergangenen Jahren viele Ersatzstoffe wie Holzfaser, Kokosfaser, Kokosmark, Kokoschips, Perlite oder Blähton untersucht und torffreie Substratmischungen getestet. Im Handel konnten sie sich bisher kaum durchsetzen. Der wesentliche Grund liegt wohl darin, dass die Ersatzstoffe und -verfahren arbeitsintensiv sind und daher mehr kosten.

Es geht locker ohne Torf

Für leidenschaftliche Naturgärtnerinnen und -gärtner kann dies kein Argument sein. Sie verzichten bewusst auf Torf, weil sie dadurch dazu beitragen können, dass der Raubbau an den Mooren endlich gestoppt wird. Dies fällt zudem leichter, wenn man weiß, dass es ausgezeichnete Alternativen gibt, die sich auf Balkon und Terrasse sowie im Garten bewährt haben.

Das Naturschutzgebiet Murnauer Moos in Oberbayern ist das größte zusammenhängende naturnah erhaltene Moorgebiet Mitteleuropas

Klimaschutz und Artenvielfalt

Die natürlichen Superkräfte der Moore

Moore gehören zu den wichtigsten Kohlenstoffspeichern der Erde. Sie regulieren den Wasserhaushalt und stellen die Heimat für einzigartige biologische Lebensgemeinschaften dar. Ihr Abbau für die Torfgewinnung und landwirtschaftliche Nutzung führt weltweit zu massiver Klimaschädigung, Artenvernichtung und Verschmutzung des Trinkwassers.

Moore sind dem Menschen unheimlich – für ihn aber auch unheimlich wertvoll. Sie sind weder Wasser noch Land. Ihr schlammiger Grund, in dem wir bis zum Hals versinken können, besteht vielmehr aus Pflanzenresten, die unter einer sauerstoffarmen Wasserdecke nicht vollständig verrotten. Dies führt zur dauerhaften Speicherung des von den Pflanzen in ihrer Wachstumsphase gebundenen atmosphärischen Kohlenstoffs.

Die Größenordnungen sind gewaltig: Das Bundesamt für Naturschutz (BfN) gibt an, dass Moore jedes Jahr weltweit 150 bis 250 Millionen Tonnen Kohlenstoffdioxid (CO_2) aufnehmen. Sie enthalten ein Drittel des in Böden gebundenen Kohlenstoffs, obwohl sie nur drei Prozent der Erdoberfläche bedecken. Damit binden sie etwa doppelt so viel Kohlenstoff wie alle Wälder des Planeten zusammen.

Im Laufe vieler Jahrtausende haben sich die Moore so zu einem gigantischen Kohlenstoffspeicher entwickelt. Werden sie für den Torfabbau entwässert, kehrt sich der Prozess um und sie setzen über Jahrzehnte und Jahrhunderte Treibhausgase frei, statt sie zu speichern. Die jährliche Menge entspricht gegenwärtig dem Doppelten, was der weltweite Flugverkehr in die Atmosphäre bläst.

Nieren des Wasserkreislaufs

Für den Wasserhaushalt der Natur sind Moore ebenfalls unschätzbare Dienstleister. Bei Starkregen saugen sich die Torfe wie Schwämme voll und verhindern verheerende Überschwemmungen. Bei Trockenheit geben sie das Wasser langsam wieder ab und wässern erosionsfrei die trockengefallene Umgebung. Auch gelten Moore als die Nieren des Wasserkreislaufs. Im Wasser gelöste

Junge Moorbirke im Naturschutzgebiet Kendlmühlfilzen. In dem oberbayerischen Hochmoor wurde 1988 der zerstörerische Frästorfabbau eingestellt.

Stoffe werden von den Moorpflanzen gebunden, Schwebstoffe setzen sich ab – gereinigtes Wasser entfließt über Bäche und Flüsse.

Heimat der (Über-)Lebenskünstler

Moore sind nährstoffarme Lebensräume, die besonders viele seltene Amphibien-, Vogel- und Pflanzenarten beherbergen. Dazu gehören zum Beispiel die Rote-Liste-Arten Rundblättriger Sonnentau *(Drosera rotundifolia)*, eine der wenigen fleischfressenden Pflanzen Deutschlands, oder der Moorfrosch *(Rana arvalis)*, dessen Männchen sich zur Paarungszeit spektakulär neonblau färben. Wird das Moor trockengelegt, sterben diese Arten aus. Die Entstehung der

Gefährdete Moorspezialisten in Deutschland

Moosbeere, Kendlmühlfilzen in Oberbayern, Rote Liste Deutschland 3

Hochmoor-Mosaikjungfer im Flug, Mittleres Emsland, Rote Liste Deutschland 1

Blauer Moorfrosch in Paarungsstimmung, Oberpfälzer Wald, Rote Liste Deutschland 3

Torfmoose, Kulzer Moor in der Oberpfalz, viele Torfmoosarten stehen auf der Roten Liste

deutschen Moore begann nach dem Ende der letzten Eiszeit vor etwa 11 000 Jahren. Ursprünglich bedeckten sie 4,2 Prozent der Landfläche. Laut NABU sind 95 Prozent davon heute tot – das heißt entwässert, abgetorft, bebaut, landwirtschaftlich oder forstwirtschaftlich genutzt.

Nachdem sich die Ressource Torf in Deutschland in absehbarer Zeit erschöpft, importiert der Handel seit einiger Zeit auch aus dem Ausland, vor allem aus dem Baltikum. Dabei ist es höchste Zeit, die Trockenlegung der Moore zu stoppen. Das Klima, die Artenvielfalt und letztlich wir Menschen sind auf ihre gewaltigen Ökodienstleistungen angewiesen. Wer naturnah gärtnert, verzichtet auf Torf.

Moor-Ährenlilie, Mittleres Emsland, Rote Liste Deutschland 3

Mittlerer Sonnentau, Mittleres Emsland, Rote Liste Deutschland 3

Weißes Schnabelried, Mittleres Emsland, Rote Liste Deutschland 3

Kreuzotter, Mittleres Emsland, Rote Liste Deutschland 2

Gießen im Topfgarten erfordert Einfühlungsvermögen in die Bedürfnisse der Pflanzen

Pflegetipps für ein langes Pflanzenleben im Topf

Pflanzen leben von Licht und Luft, die auf Balkon und Terrasse natürlicherweise vorhanden sind. Sie brauchen aber auch Wasser und Nährstoffe. Und hier sind sie im Pflanzgefäß abhängig von Ihnen und Ihrer Fürsorge. Sollen sie einige Jahre im Topf gedeihen, brauchen Pflanzen regelmäßig Gießwasser und Dünger. In der kalten Jahreszeit hilft ein geschütztes Plätzchen an der Hauswand. Das Gute ist, grundsätzlich sind Wildpflanzen recht bescheiden, hart im Nehmen, nicht sehr nachtragend, kurz: pflegeleicht. Ein paar Regeln sollten Sie dennoch beachten.

Wasserversorgung

Gießen mit Gefühl

Im Naturgarten wird empfohlen, die Pflanzen durch »richtiges« Gießen »zu erziehen«. Damit ist gemeint, sie nicht so oft zu gießen, damit sie ihre Wurzeln immer tiefer in den Boden hinunterschicken, wo sie sich selbst aus feuchteren Schichten mit Wasser versorgen können. Das funktioniert im Topf definitiv nicht. Die Pflanze ist auf Sie und Ihre liebevolle Versorgung angewiesen.

Gießen Sie Ihre Pflanzen nicht nach einem rigiden Wochenplan, sondern immer nach Bedarf – je nach Standort, Jahreszeit, Wetter und Größe des Pflanzgefäßes. Im Hochsommer auf dem Südbalkon bei Temperaturen über 30 Grad Celsius am Tag und über 20 Grad Celsius nachts kann das für einen Blumenkasten in voller Sonne mit nur 15 Zentimeter Substrattiefe heißen,

← Praktisch während kurzer Abwesenheiten: Wasserbehälter, die man in die Töpfe steckt zwei- bis dreimal am Tag zu wässern. Im Spätsommer bei trübem Wetter mit kühleren Nächten reicht für denselben Kasten dann vielleicht schon eine Wassergabe in der Woche. Hilfreich ist der sogenannte Fingertest. Da die Erde ganz oben durch die Sonne und den Wind immer leicht trocken ist, sollte man einen Finger ein paar Zentimeter in den Topf stecken, um zu fühlen, ob die Erde noch feucht ist.

Erfahrungsgemäß mögen es Wildpflanzen im beengten Pflanzgefäß nicht nur etwas nährstoffreicher als am Naturstandort, sondern auch etwas feuchter. Vor allem in kleinen Töpfen oder im Blumenkasten kann bei sonnigem Wetter der Feuchtigkeitsgehalt in der Erde sehr schnell abnehmen. Wenn die Pflanzen bereits die Blätter einrollen und die Köpfe hängen lassen, ist es allerhöchste Zeit zu gießen, die Pflanze gerät in Stress. Man entwickelt durch Beobachtung mit der Zeit ein gutes Gefühl für den Wasserbedarf der Pflanzen.

Eine Empfehlung für Gießfaule sowie Topfgärtner, die oft länger auf Reisen sind: Stauden verwenden, die an stark wechselnde Feuchte angepasst sind wie der Gewöhnliche Blutweiderich *(Lythrum salicaria)* oder die Gewöhnliche Betonie *(Betonica officinalis)*. Man pflanzt sie in ein Gefäß ohne Abflussloch oder stellt den Topf in einen Übertopf ohne Ablauf und gießt Wasser sehr großzügig auf Vorrat in den Topf. Die Pflanze verbraucht allmählich das Wasser und kann dann auch einige Zeit mit weniger Feuchtigkeit auskommen oder sogar trockenstehen.

Wichtig: Gießen Sie auch im Winter vorsichtig an frostfreien Tagen, falls die Töpfe keinen Niederschlag erhalten. Bei Dauerregen im Herbst oder Winter rücken Sie die Töpfe in eine etwas trockenere Ecke, damit keine Staunässe entsteht.

Damit das Wasser in Pflanzgefäßen gut ablaufen kann, empfiehlt es sich generell, die Töpfe etwas erhöht auf Holzklötzchen oder käufliche Stützen aus Ton oder Kunststoff zu stellen. Auch Zwiebeln und Knollen reagieren sehr empfindlich bei zu viel Feuchtigkeit (zum Winterschutz von Zwiebeltöpfen siehe auch Seite 102).

Das Ochsenauge zeigt mit eingerollten Blättern seinen Wasserbedarf an

Bald nach dem Gießen sind die Blätter wieder straff

Pflanzennahrung

Dünge-Tipps für ausdauernde Arten

Wildstauden im Topf brauchen grundsätzlich viel weniger Dünger als das gängige Zierpflanzensortiment aus dem Gartencenter oder Gemüse. Am genügsamsten im Topf sind Pflanzen, die es auch am Naturstandort mager, nährstoffarm und sonnig mögen. Ganz ohne Dünger geht es aber auch nicht.

Im ersten Jahr nach dem Einpflanzen in ein komposthaltiges, selbst gemischtes Substrat oder in eine aufgedüngte Dachgartenerde müssen Wildstauden erfahrungsgemäß nicht gedüngt werden. Die Nährstoffe im Pflanzgefäß sind ausreichend. Ab dem zweiten Jahr wird empfohlen, vorsichtig, aber regelmäßig mit organischem Dünger nachzudüngen. Pflanzen, die in der Natur im Wald oder an halbschattigen Standorten wachsen, brauchen in der Regel mehr Nährstoffe und sollten etwas mehr Dünger erhalten. Wenn das Wachstum und die Blühwilligkeit der Pflanzen abnehmen, ist es auf jeden Fall Zeit für einen Nachschub an Nährstoffen. Die richtige Dosierung ist wichtig, denn zu viel Dünger schadet den Pflanzen. Ihr Gewebe wird weich und sie verlieren ihre Standfestigkeit und die Widerstandsfähigkeit gegenüber Pilzen.

Kompost oder käufliche Volldünger – Hauptsache organisch

Wichtig: Verwenden Sie auf Ihrem Natur-Balkon nur organischen Dünger, keine mineralischen Dünger. Mineraldünger werden unter erheblichem Energieaufwand hergestellt und sind nicht klimafreundlich. Außerdem enthalten sie Nährstoffe in Form von Nährsalzen, die zwar die Pflanze gezielt und schnell ernähren, aber von Bodenlebewesen nicht aufgenommen werden können. Diese gehen leer aus und verhungern. Nährstoffe aus mineralischen Düngern werden auch wieder schnell ausgewaschen. Organisches Material hingegen wird von den Organismen im Boden verwertet und in mineralische Verbindungen umgewandelt. Die Nährstoffe

Dünge-Tipp

Friedhelm Strickler, Kräuter- und Wildpflanzengärtnerei Strickler, für Magerstandort-Pflanzen:

Bio-Flüssigdünger. Mit der halben Menge der für Zierpflanzen angegebenen Menge düngen, einmal am Anfang der Saison und einmal nach dem Rückschnitt.
Sie können auch Hornmehl nehmen.

TIPP

Kompost kann man auch in der Wohnung in einer Wurmkiste erzeugen

Dünge-Tipp

Reinhard Witt, Biologe und Planer von naturnahem Grün (Die Naturgartenplaner):

Kompostgabe: Grünschnitt-Kompost oder Bioabfall-Kompost, z. B. Wurmkisten-Kompost. Am besten im Frühjahr düngen.
Dosierung: 1 cm pro Topf für Pflanzen an sonnigen Standorten alle 2 Jahre.
2 – 5 cm Kompost pro Topf jedes Jahr für Pflanzen an halbschattigen bis schattigen Standorten.

Alternativ: Volldünger aus Horn-, Knochen- und Steinmehl.
Dosierung: jeweils eine Handvoll für einen großen Balkonkasten an sonnigem oder halbschattigem Standort.

TIPP

Urbaner Trend: Kompost aus der Wurmkiste

Wurmkisten ermöglichen Menschen ohne Garten, ihre Bioabfälle zuhause – zum Beispiel in der Küche oder auf dem Balkon – auf kleinstem Raum zu kompostieren. Ohne Geruchsbelästigung verwandeln Kompostwürmer die Küchenabfälle in Komposterde oder Wurmhumus, also kostenlosen organischen Dünger. Kompostwürmer können täglich ihr Eigengewicht an organischem Material fressen. Wurmkisten leisten so einen Beitrag zur Müllvermeidung. Biomüll wie Gemüse- und Obstschalen oder Teebeutel und Kaffeesatz bleiben im natürlichen Nährstoffkreislauf.

Wurmkisten gibt es fertig oder als Bausatz zu kaufen. Sie werden in verschiedenen Größen, Materialien und Ausführungen angeboten. Als Starterset werden Wurmkisten mit Kompostwürmern, Zubehör und Anleitung geliefert. Mehr Infos unter: www.wurmwelten.de oder www.wurmidee.de

Hornspäne gehören zu den empfohlenen organischen Düngern im Topfgarten

Dünge-Tipp

Robert Schönfeld, Gärtnerei Hof-Berggarten:

Ich verwende in der Hauptsache Hornspäne und Hornmehl. Man kann jedoch auch andere sich im Handel befindende organische Dünger verwenden. Diese wirken erst ab 10 Grad Celsius und frühestens zwei Wochen nach der Düngung. Man sollte auf jeden Fall vor der Wachstumsperiode und immer erst mal vorsichtig düngen. Wildpflanzen benötigen sehr wenig Dünger.

TIPP

stehen der Pflanze so zwar später, aber dafür langfristig und gleichmäßig zur Verfügung.

Ein vielfach empfohlener organischer Dünger für Wildblumen-Topfgärtner ist Kompost, den man leicht in die obere Erdschicht einarbeitet, zum Beispiel mit einer alten Küchengabel. Er bringt Bodenleben in die Pflanzgefäße. Wurmkompost können Sie auch in der Stadt ohne Garten mit einer Wurmkiste selbst aus Ihren Bioabfällen in der Küche herstellen (siehe 99). Kompost hat den Vorteil, dass er zur Kreislaufwirtschaft beiträgt und natürlich durch Bodenlebewesen entsteht. Sein gärtnerischer Nachteil besteht darin, dass man nicht weiß, wie viele Nährstoffe er genau enthält. Je nach Ausgangsmaterial ist das unterschiedlich.

Empfohlene organische Dünger sind auch Hornspäne, Horngries und Hornmehl, Produkte, die aus geschroteten Hörnern und Hufen von Rindern gewonnen werden. Sie sind sehr stickstoffhaltig. Hornspäne brauchen abhängig von Temperatur und Feuchtigkeit etwa acht Wochen, bis sie Nährstoffe freisetzen, die feiner gemahlenen Produkte Horngries und Hornmehl wirken früher. Als Alternative bieten sich als natürlicher Langzeitdünger auch Schafwollpellets an. Diese enthalten ebenfalls vor allem Stickstoff. Es ist empfehlenswert, die Düngung mit Stickstoff ab Juli einzustellen, damit die Pflanzen ihr Wachstum vor der Ruhephase im Herbst und Winter gut abschließen können.

Eine weitere Empfehlung sind sogenannte organische Volldünger oder NPK-Dünger, die alle drei Hauptnährelemente der Pflanzen, Stickstoff (N), Phosphor (P) und Kalium (K), in natürlicher Bindung enthalten. Sie werden oft schon in Bio-Supermärkten angeboten und sind in Pulverform oder zum Streuen einfach und praktisch in der Handhabung. Wichtig für Veganerinnen und Veganer: Organische Handelsdüngemittel, die für den Bio-Landbau zugelassen sind, können pflanzlicher und tierischer Herkunft sein. Es gibt auf dem Markt aber auch vegane Bio-Dünger, die nur aus pflanzlichen Rohstoffen bestehen. Wenn man eine schnelle Nährstoffverfügbarkeit wünscht, weil die Pflanzen vielleicht schon »mickern«, sollte man organische NPK-Bio-Flüssigdünger verwenden. Die Nährstoffe sind in diesen Produkten bereits in Wasser gelöst und können schneller von der Pflanze aufgenommen werden, werden aber auch wieder schneller mit dem Gießwasser ausgewaschen. Der Vorteil von gekauftem organischen Dünger besteht darin, dass der Gehalt an Nährstoffen und Spurenelementen auf der Packung angegeben ist und diese so dosierbar sind. Wichtig: Düngen Sie vorsichtig – man kann immer nachdüngen. Düngen Sie dagegen zu viel, wird das Gewebe weich und der Schaden ist irreversibel.

Auch der CO_2-Fußabdruck der organischen Dünger ist unterschiedlich. Kompost aus der Wurmkiste in der Küche ist lokal verfügbar und ohne Verpackung einsetzbar. Gekaufter Dünger wird unter Einsatz von Energie und Technologie zu einem Convenience-Produkt verarbeitet, verpackt und in die Läden transportiert. Der CO_2- Fußabdruck ist dadurch höher als der von eigenem Kompost. Von Schlachtvieh aus Südamerika stammt ein großer Teil der in Europa verkauften Hornspäne. Durch die weiten Transportwege werden ebenfalls CO_2-Emissionen verursacht. Bei Schafwollpellets sollte man ebenfalls darauf achten, dass die Schafwolle von regionalen Bio-Betrieben und nicht aus Übersee stammt.

Dünge-Tipp

TIPP

Susanne Spatz-Behmenburg, Gärtnerei StaudenSpatz:

Wenn die Blühwilligkeit in den Jahren nach dem Einpflanzen abnimmt, kann man mit einem Löffelchen Hornspäne oder etwas organischem Streudünger nachdüngen.

Winterschutz

So vermeiden Sie Stress im Topf

Einheimische Pflanzen sind naturgemäß winterhart. Wie aber sieht es am Sonderstandort Topfgarten aus? Der Frost ist kein Problem, die Töpfe können durchfrieren. Winterschutz müsste nicht sein. Mit wenigen Handgriffen können Sie aber ein Winterlager für Ihre Töpfe und Kästen einrichten. Das erspart den Pflanzen unnötigen Stress.

Ein Winterlager hat das Ziel, das Mikroklima in den Pflanzgefäßen zu stabilisieren, also starke Temperaturschwankungen zu vermeiden und die

Winterlager auf Holzrost mit Kokosmatten, Noppenfolie und Fichtenzweigen

Beim Bauern nebenan oder in Kleinanzeigen findet man
alte Kartoffelsäcke und Stroh fürs Winterlager

Verdunstungsrate, vor allem in porösen Tontöpfen, zu senken. Stellen Sie dazu die Pflanzgefäße auf dem Balkon- oder Terrassenboden an einer Hauswand eng zusammen, am besten auf dämmendes Holz – zum Beispiel auf Bretter, Europaletten oder Holzroste. Ideal ist ein halbschattiger Standort. Zusätzlich können Sie die Pflanzgefäße mit dämmenden Materialien, zum Beispiel mit alten Kartoffel- oder Kaffeesäcken aus Jute oder ausrangierten Wollpullovern, umwickeln und in die Zwischenräume trockenes Laub stopfen. Zusätzlich schützt das Dämmen auch Tontöpfe vor dem Zerplatzen, wenn sie im Winter durch Regen und Schnee nass werden und dann durchfrieren.

Schutz vor dem Vertrocknen – Schutz vor Nässe

Die Probleme entstehen für Pflanzen, wenn die Erde im Topf gefroren ist und die Sonne scheint. Dann verdunstet über die wintergrünen Teile an der Oberfläche Wasser, aber die Pflanze kann mit den Wurzeln keines mehr nachziehen und vertrocknet. Auch wenn die Pflanzen ganz eingezogen sind, benötigen sie etwas Wasser. Ab und zu sollte an frostfreien Tagen deshalb ein bisschen gewässert werden. Wer möchte, kann unterstützend ein lichtdurchlässiges Vlies über wintergrüne Pflanzen legen.

Für manche Pflanzen ist hingegen Regenschutz sinnvoll. Für Pflanzen der Trockenrasen oder Geröllflächen beispielsweise ist zu viel Feuchtigkeit im Winter schlecht, dann können die Wurzeln faulen. Dies gilt zum Beispiel für den Ausdauernden Lein *(Linum perenne)* oder die Berg-Aster *(Aster amellus)*. Hier wäre Regenschutz wichtiger als Frostschutz.

Winterlager auf einem Wildpflanzen-Balkon in Oldenburg mit Dämmmatten aus dem Gartencenter

Halten die Kälte von den Töpfen ab: ↖ Stroh, ↑ Jute, ↗ Kokosfaser, Kartoffelsack und Noppenfolie

Dämmende Materialien

Es ist nicht immer einfach, umweltgerecht auf Balkon und Terrasse zu gärtnern. Gängige Rohstoffe für Dämmmaterialien aus dem Handel wie Jutegewebe oder Kokosmatten kommen aus Indien, Sri Lanka oder Bangladesch und verursachen durch den Transport CO_2-Emissionen. Auch die Auswirkungen auf die Umwelt beim Anbau sind nicht unumstritten. Inzwischen gibt es im Handel Winterschutzmatten aus Schafwolle, auch diese kann von weither aus Australien kommen. Die Herkunft der Materialien ist auf den handelsüblichen Produkten meist nicht transparent deklariert. Luftpolsterfolien aus Kunststoff werden ebenfalls oft empfohlen, diese sind teilweise recycelbar, produzieren aber ebenfalls CO_2 bei der Herstellung.

Upcycling und DIY mit regionalen Materialien bieten Lösungen, die etwas aufwändiger, aber umweltfreundlicher sind. Einige Tipps: Ausgediente Kartoffel- und Kaffeesäcke aus Jute findet man in Kleinanzeigen. Oder stopfen Sie lokal verfügbare Naturmaterialien in ausrangierte Wäschestücke wie Hosen, Pullover oder Bettwäsche. Zum Ausstopfen eignen sich zum Beispiel Laub aus dem Garten oder Park, Stroh vom Bauern in der Nähe oder Schafwolle vom regionalen Schäfer. Rohschafwolle wird auch oft in Kleinanzeigen sehr günstig angeboten oder verschenkt. Hinweise zur Nachhaltigkeit von Materialien findet man z. B. hier (alphabetisch):

- www.blauer-engel.de
- www.die-nachwachsende-produktwelt.de
- www.materialarchiv.ch
- www.oekotest.de
- www.utopia.de

Eine Stahlblaue Grillenjägerin trägt eine erbeutete Eichenschrecke als Proviant für ihre Brut in die Nisthilfe aus Eschenholz ein

Safari daheim – Naturerlebnisraum Balkon und Terrasse

Ein Wildblumen-Topfgarten ist ein Ort spannender und unterhaltsamer Naturbeobachtungen, die Ihren Alltag bereichern werden. Es ist immer wieder faszinierend, welche Artenvielfalt sich auf begrenztem Raum einstellt. Der versiegelten Fläche wird ein kleines Stück Natur abgetrotzt, und dies schon ab der ersten Saison. Aus nächster Nähe können Sie hier die Abenteuer, Dramen und Liebesgeschichten der vielen kleinen wilden Tiere verfolgen, die in diesem Lebensraum Nahrung und Unterschlupf finden. Freuen Sie sich auf die vielen Besucher aus dem bunten Reich der Bienen, Schmetterlinge, Käfer, Spinnen und Vögel!

Insekten

Bunte Brummer und kriechende Popel

Wildblumen bieten Lebensräume für Insekten von der Blüte bis zur Wurzel. Auf allen Etagen wird geknabbert, gesaugt, gejagt, gesammelt, geschabt, gebohrt und geschlafen. Sie haben sich zusammen mit den Pflanzen auf diesem Planeten entwickelt. Im Topfgarten sind es vor allem blütenbesuchende Fluginsekten, die Sie beobachten können. Die einheimischen Wildblumen bieten zuckerhaltigen Nektar und eiweißreichen Pollen, auf die Bienen, Wespen, Fliegen, Käfer und Schmetterlinge als Nahrung angewiesen sind. Im Gegenzug erhofft sich die Pflanze ihre Bestäubung durch den Blütenbesucher, die

← Bunt gestreifte Erdhummel besucht die Blüte einer Wald-Witwenblume

Der britische Insektenforscher Dave Goulson bezeichnete Schwebfliegenlarven wegen ihres Aussehens einmal als »kriechende Popel«

Tagpfauenauge trinkt an Kleinblütiger Bergminze

ihr Fortbestehen sichert. Auch räuberische Insekten, die sich von anderen Insekten ernähren, stellen sich im Jagdgebiet Balkon und Terrasse unverzüglich ein. Wer künstliche Nisthilfen anbietet, kann den Erlebniswert eines insektenfreundlichen Wildblumen-Topfgartens zusätzlich erhöhen.

Wildbienen

In Deutschland gibt es rund 560 verschiedene Wildbienenarten. Die Vielfalt reicht von der winzigen, nur vier Millimeter großen Dünen-Steppenbiene *(Nomioides minutissimus)* bis zur drei Zentimeter großen und im Vergleich riesenhaft wirkenden Blauschwarzen Holzbiene *(Xylocopa violacea)*, die schon in vielen Topfgärten beobachtet wurde. An ihrem imposanten, hummelartigen Körper und den schwarzen, blau schimmernden Flügeln ist sie sofort zu erkennen.

Ein möglichst vielfältiges Spektrum an Pflanzengattungen und -arten, Blütenformen und -farben sowie Blühzeiten im Topfgarten erhöht die Chance, dass das Nahrungsangebot von vielen verschiedenen Wildbienenarten genutzt werden kann und so viele verschiedene Bienen-Blütengäste anlockt. Rund zwei Drittel unserer einheimischen Wildbienen, wie die oft bunten und laut brummenden Hummeln, sind nicht auf bestimmte Blütenpflanzen als Pollenquelle spezialisiert. Der lateinische Gattungsname Bombus bedeutet übrigens »das Brummen«. Andere wiederum sind auf Vertreter nur einer Pflanzenfamilie oder -gattung angewiesen. Die streng auf Campanula und nah verwandte Gattungen spezialisierte Glockenblumen-Scherenbiene *(Chelostoma rapunculi)* ist mit Glockenblumen (Campanula) im Topf wie der Rundblättrigen Glockenblume *(Campanula rotundifolia)*, der Zwerg-Glockenblume

↑ Paarung der Gewöhnlichen Löcherbiene in der Blüte eines Weidenblättrigen Ochsenauges

→ Ackerhummel besucht Ruthenische Kugeldistel

↘ Steinhummel zu Gast auf Arznei-Thymian

↓ Blaue Holzbiene beim Nektarraub am Sporn einer Alpen-Akelei

Schlafgemeinschaft von Männchen der Glockenblumen-Scherenbiene in einer Blüte der Acker-Glockenblume

(Campanula cochleariifolia) oder der Acker-Glockenblume *(Campanula rapunculoides)* gut auf Balkon und Terrasse zu locken und nimmt dort auch gerne Nisthilfen mit Bohrungen von drei bis vier Millimeter Durchmeser an. Die Männchen der Glockenblumen-Scherenbiene versammeln sich häufig am Abend in den glockigen Blüten, um zusammengekuschelt als kleine Schlafgemeinschaften zu übernachten.

Rund 75 Prozent der nestbauenden Wildbienenarten nisten zwar im Boden, doch es verbleiben genügend Arten, auch im Siedlungsraum, die Niströhren in Holz, Ton oder Strohhalmen annehmen. Dies ermöglicht die Beobachtung der Wildbienen über den gesamten Lebenszyklus hinweg. Von der Paarung über die Eiablage, die Verproviantierung des Geleges mit Pollen, das Lauern und Eindringen von Nestparasiten wie beispielsweise den Schmalbauchwespen (Gasteruptiidae) bis zum Schlupf in der nächsten Saison lässt sich das ganze faszinierende Bienenleben aus nächster Nähe verfolgen. Achten Sie darauf, dass Sie nur professionell hergestellte Ware im Handel erwerben oder Bauanleitungen von Wildbienenexperten benutzen. Unsachgemäß hergestellte Nisthilfen schaden den Insekten mehr, als sie nutzen, oder werden erst gar nicht angenommen. Verlässliche Informationen finden Sie auf der Website des Wildbienenexperten Paul Westrich unter www.wildbienen.info im Kapitel »Wildbienen/Artenschutz«.

Käfer

Rund jedes vierte Tier auf der Erde ist ein Käfer. Mit über 350 000 bisher beschriebenen Arten sind sie die größte Tiergruppe überhaupt. Sie können graben, tunneln, bohren, fliegen, schwimmen, klettern, laufen, springen. Käfer (Coleoptera) besiedeln fast alle Lebensräume des Planeten. Zu den bekanntesten Vertretern im Topfgarten gehören die Marienkäfer (Coccinellidae). Auf die Idee, dass sie Glück bringen, müssen aufmerksame Gärtnerinnen oder Gärtner gekommen sein. Bei vielen Arten vertilgen sowohl die erwachsenen

Weibchen des Goldglänzenden Rosenkäfers fühlen sich von frischem Wurmkompost magisch angezogen, auch auf dem Balkon …

… Sie graben sich zur Eiablage in das komposthaltige Substrat ein

Die Larve des Goldglänzenden Rosenkäfers wird oft mit der Larve des Maikäfers verwechselt

Die Entwicklung der Larve bis zum fertigen Käfer dauert ungefähr zwei Jahre →

Rosenkäferlarven findet man manchmal auch beim Umtopfen

Tiere wie auch die Larven Blatt- und Schildläuse. Genauso hübsch wie Marienkäfer sind die geschützten, metallisch grünen Goldglänzenden Rosenkäfer *(Cetonia aurata)*. Sie ernähren sich von Pflanzensäften und Blütenpollen. Die Larven haben die typische Gestalt von Engerlingen und gelten als Humusbildner, denn sie leben – im Gegensatz zu Maikäferlarven – von totem Pflanzenmaterial, gerne im Kompost. Man findet sie aber auch häufig in der Blumenerde beim Umtopfen. Wer mehrjährige Wildblumen pflanzt, gibt den Larven über die zwei Jahre ihrer Entwicklungszeit bis zum entwickelten Käfer eine Unterkunft.

Schwebfliegen

Die Arten dieser Fliegenfamilie (Syrphidae), auch Stehfliegen oder Schwirrfliegen genannt, sind die zweitwichtigsten Bestäuber in unseren Breiten. In Mitteleuropa sind ungefähr 390 Arten nachgewiesen. Das namensgebende Merkmal ist die Fähigkeit, fliegend an einer Stelle in der Luft zu verharren. Ihre Flugkünste sind aber auch für die Ultra-Langstrecke ausgelegt; einige Arten wandern wie Zugvögel über große Entfernungen. So wandert beispielsweise die häufige Hainschwebfliege *(Episyrphus balteatus)* im Herbst mehrere Tausend Kilometer über die Alpen ans Mittelmeer oder auf die Insel nach Großbritannien.

Weibliche Hainschwebfliege legt Eier in eine Blattlauskolonie an einer Kamille

Frühe Großstirnschwebfliege in einer Königskerzenblüte

Kleine Keilfleckschwebfliege beim Blütenbesuch am Acker-Senf

Häufig sind Schwebfliegen auf der Blüte nicht sofort als Fliegen zu erkennen. Sie imitieren mit ihrem Äußeren wehrhafte Fluginsekten wie Bienen, Wespen oder Hummeln. Diese Form der Täuschung, Mimikry genannt, macht Schwebfliegen zu einer ästhetisch reizvollen und besonders abwechslungsreichen Insektenfamilie, die in den vielfältigsten Formen, Farben und auffälligen Musterungen auftritt.

Schwebfliegen sind nicht nur gute Wildpflanzenbestäuber, sondern wichtig auch für das natürliche Gleichgewicht im Blumenkasten. Manche Arten wie beispielsweise die Hainschwebfliege oder die Späte Großstirnschwebfliege *(Scaeva pyrastri)* legen ihre Eier direkt in Blattlauskolonien auf den Pflanzen, die Larven machen den ungeliebten Saugern dann den Garaus. Die Blattlausfresser sind unscheinbar hellgrün, beige bis durchsichtig und beinlos. Doch sie sind gefräßige Jäger: Ein einziges Tier verzehrt im Verlauf seiner Entwicklung bis zu 400 Blattläuse. Mehrere Larven können so eine ganze Lauskolonie dezimieren – biologische Schädlingsbekämpfung auf kleinstem Raum.

Eine Blaue Schmeißfliege wärmt sich in der Januarsonne auf winterlich gefärbtem Feld-Thymian

INTERVIEW

Was treibt die Fliege im Winter?

Insekten sind wechselwarme Tiere. Sinken bei uns die Temperaturen im Herbst und Winter, sinkt auch ihre Körpertemperatur. Um die kalte Jahreszeit zu überleben, haben Insekten unterschiedliche Strategien entwickelt. Sie ruhen als Ei, Larve oder Puppe, sie wandern in den Süden wie die Vögel oder verkriechen sich in einem Winterquartier: unter der Erde, in Pflanzenstängeln, in Laubhaufen, unter der Baumrinde, in Scheunen. Dort fallen sie in Kältestarre und warten auf den warmen Frühling. Auch auf meinem wilden Meter kehrt Ruhe ein, wie draußen in der Natur. Keine Insekten sind mehr zu beobachten. Die einzige Ausnahme: Fliegen. Ich sehe sie jedes Jahr an milden Tagen auf Pflanzen herumsitzen oder herumkrabbeln. Was treiben sie dort? Ich habe den Fliegenexperten Klaus von der Dunk, Mitglied im Kreis Nürnberger Entomologen, befragt.

Katharina Heuberger: Herr von der Dunk, wie überwintern Fliegen?
Klaus von der Dunk: Die wenigsten Fliegen überwintern als Imago, also als erwachsenes Tier. Das können nur die »dickleibigen«, die genügend Reservestoffe im Körper speichern können, wie zum Beispiel die Blaue Schmeißfliege *(Calliphora vicina)*. Die meisten Fliegenarten sind zu klein. Die Überwinterung als Ei ist daher die normale Methode, um über die kalte Jahreszeit zu kommen.

Könnte es sein, dass die Blaue Schmeißfliege auf meinem Balkon überwintert und an milden, sonnigen Tagen herauskommt? Oder sitzt sie sonst woanders und kommt dann auf den Südbalkon, weil es da so schön warm ist?
Für den Winter verkriechen sich die Schmeißfliegen in gut geschützten Nischen oder Ritzen. Manchmal kommt es vor, dass sie z. B. durch Lüftungsanlagen Zugang zum Hausinneren finden, sich dort massenhaft einfinden und dann allerdings bald sterben, weil sie den Ausgang nicht mehr finden und durch die Wärme ihre Reservestoffe zu schnell aufbrauchen. Sie vertrocknen eher, als dass sie verhungern.

In der Blühsaison sind Schmeißfliegen auch fleißige Blütenbesucher auf dem wilden Meter. Im Bild eine Goldfliege auf einer Goldhaar-Aster.

Wie überstehen die Fliegen die Minustemperaturen?
Sie müssen sich ein Versteck suchen, das frostfrei bleibt. Wenn der Körper durchfriert, bilden sich Eiskristalle in den Körperzellen, die die Zellen spätestens beim Auftauen zerstören. Nur wenige Insekten (bekannte Ausnahme: Zitronenfalter) bilden eine Art Frostschutzmittel, das ein Durchfrieren verhindert.

Man kann feststellen, dass neben der Blauen Schmeißfliege noch zwei andere Arten aus der Familie der Calliphoridae, also Schmeißfliegen, im Winter auf dem Balkon aktiv werden. Ist das typisch für diese Arten?
In Mitteleuropa kommen über 100 Calliphoriden-Arten vor. Es können auf dem Balkon auch andere Arten auftreten. Die Blaue Schmeißfliege *(Calliphora vicina)* und die Goldfliege *(Lucilia caesar)* sind aber die häufigsten und auffälligsten.

Warum werden Fliegen an milden Tagen überhaupt aktiv? Das verbraucht ja Energie. Brauchen sie dann nicht auch Nahrung und wo finden sie dann etwas zu fressen?
Für alle Überwinterer gilt, dass warme Zeitabschnitte während des Winters gefährlich sind. Die Temperatur kurbelt den Stoffwechsel an, aber ausreichend Nahrung und Wasser sind kaum zu finden.

Können Schmeißfliegen auch im Winter Eier legen?
Unwahrscheinlich. Die Sinnesorgane melden »ungünstige Bedingungen« und der angeborene Instinkt wird die Eiablage verhindern.

Wie lange leben Schmeißfliegen? Bei den Honigbienen ist es ja so, dass die Arbeiterinnen im Sommer vier bis sechs Wochen leben, nur die Bienen, die überwintern, leben deutlich länger. Ist das bei überwinternden Fliegen auch so?
Genauso.

Gibt es noch andere Fliegenarten bzw. Fliegengattungen in Deutschland, die als Imago überwintern? Bei unseren Tagfaltern sind es ja nur wenige Arten. Kommen davon welche im Siedlungsbereich vor und könnten sie eventuell auf meinem Balkon landen?
Auf Anhieb fällt mir da die Schwebfliege *Episyrphus balteatus* ein. Auch die Stubenfliege *(Musca domestica)* kann draußen als Imago überwintern. Es gibt aber noch viele weitere Arten. Ein Komposthaufen beispielsweise bietet als Lebensraum voller Nährstoffe, Feuchtigkeit und Wärme eine gute Möglichkeit für die Überwinterung der Imagines.

Klaus von der Dunk (1943 – 2022) studierte Biologie, Chemie und Geographie an der Universität Erlangen (Lehramt) und promovierte 1971 über Moosgesellschaften. Von 1971 bis 2003 arbeitete er als Lehrer am Musischen Gymnasium in Erlangen, außerdem hielt er von 1980 bis 1990 Seminare über Forstbiologie an der Uni Erlangen. Von der Dunk beschäftigte sich seit seiner Schulzeit mit Insekten und war spezialisiert auf Dipteren (Zweiflügler: Mücken und Fliegen), besonders auf Schwebfliegen, Wollschweber, Raubfliegen und Dickkopffliegen. Er war Vorstandsmitglied im Kreis Nürnberger Entomologen und leitete die Redaktion der jährlich erscheinenden Fachpublikation galathea.

Die Schlupfwespe *Perithous septemcinctorius* sticht einen Brombeerstängel seitlich an, um ihre Eier in das Nest einer Grabwespe zu legen

Feldwespennest in einer alten Schwengelpumpe

Eine Schmalbauchwespe wartet an einem Brombeerstängel auf eine günstige Gelegenheit zur Eiablage im Nest einer Maskenbiene

Wespen

In unseren Breiten gibt es viele Hundert Wespenarten. Davon sind den meisten Menschen aber nur die beiden lästigen bekannt, die im August das Limonadenglas belagern oder auf dem Pflaumenkuchen sitzen: die Deutsche Wespe (*Vespula germanica*) und die Gemeine Wespe (*Vespula vulgaris*). Beide gehören zur Minderheit der staatenbildenden sozialen Wespen. Der Großteil der übrigen Arten lebt solitär, das heißt ein Weibchen versorgt alleine seine Nachkommenschaft. In Wildpflanzen-Topfgärten sind diese Tiere beim Nektartrinken, Jagen von kleinen Insekten oder nestbauend in den Nisthilfen zu beobachten.

Wespen sind auch als Nestschmarotzer an Nisthilfen unterwegs. Parasitierende Wespen wie Schmalbauchwespen, Schlupfwespen, Erzwespen oder Goldwespen verhalten sich ähnlich wie der Kuckuck in der Vogelwelt: Sie legen ihre Eier in die Nester von Wildbienen oder anderen Wespen. Die Wespenlarven, die im Nest des Wirts schlüpfen, fressen je nach Art den Futtervorrat der Wirtslarve und/oder die Larve selbst.

Häufig zu Gast in Naturkleinstgärten auf Balkon und Terrasse sind auch die Haus-Feldwespen (*Polistes dominula*). Sie bilden Kleinstaaten, bauen kleine, papierene Nester ohne schützende Hülle über den Waben, die mit einem Stiel zum Beispiel an der Wand befestigt werden. Feldwespen sind sehr friedfertig – und auch keine Liebhaberinnen von Limonade oder Kuchen. Zu erkennen sind die Tiere an den herabhängenden Beinen im Flug.

Schmetterlinge

Diese zarten Geschöpfe kommen wegen des Nektarangebots zu den Blüten auf Balkon und Terrasse.

Sie gehören im Topfgarten zu den eher seltenen, aber umso schöneren Gästen. Zwar sind Schmetterlingsraupen auf einheimische Wildpflanzen als Futter angewiesen und viele Arten brauchen Pflanzenstängel zum Überwintern als Puppe, jedoch werden Raupen auf Balkonen erfahrungsgemäß nur sehr sporadisch beobachtet und verpuppte Exemplare extrem selten.

Häufige Blütenbesucher auf Wildpflanzen-Balkonen und Terrassen sind beispielsweise der Grünaderweißling *(Pieris napi)*, der Kohlweißling *(Pieris brassicae)* und das Tagpfauenauge *(Aglais io)*, die auch den Winter bei uns verbringen. Aber auch die Wanderfalter Admiral *(Vanessa atalanta)* und Distelfalter *(Vanessa cardui)* nutzen blühende Balkone als wichtige Nektartankstellen. Am Abend oder nachts stellt sich bisweilen auch die Gammaeule *(Autographa gamma)* ein, ebenfalls ein Falter, der aus dem Süden zu uns einfliegt. Auffällig ist das Taubenschwänzchen *(Macroglossum stellatarum)*. Der tagaktive Schwärmer erinnert an einen Kolibri. Im Schwirrflug verharrt der Schmetterling vor einer Blüte, tankt mit seinem drei Zentimeter langen Rüssel Nektar und fliegt dann ruckartig weiter zur nächsten Blüte. Der Weitflieger kehrt auf seinen bis zu 3000 Kilometer langen Zugstrecken höchstens für kurze Zwischenrasten im Topfgarten ein. Die Eiablage findet in der Regel in besonnten Wiesen an der Raupenfutterpflanze Labkraut *(Galium)* statt.

Grünaderweißling nutzt das Nektarangebot des Steppen-Salbeis im Juni

Spinnen

Plädoyer für eine Unverstandene

Spinnen wandern stets zufällig in den Topfgarten ein. Junge und leichte Tiere kommen sogar geflogen. Sie treiben mit einem sogenannten Fadenfloß durch die Lüfte: Wenn es ihnen an einem Ort nicht mehr gefällt, stellen sie sich auf die »Zehenspitzen« gegen den Wind, richten den Hinterleib schräg aufwärts und lassen einen Faden austreten. Dieser wird vom Luftzug erfasst und hebt die Spinne vom Untergrund ab. Dann wird sie verweht. Das Ziel bestimmt der Wind. Meistens fliegen sie nur kurze Strecken, aber unter günstigen Windbedingungen auch mehrere Tausend Meter hoch. Manche der »Aeronauten« landen so auch auf Balkon und Terrasse. Sie bleiben, wenn sie Nahrung finden.

Weibliche Gartenkreuzspinne wartet in ihrem Radnetz auf Beute

Mildes Dornfingerspinne in einem Ruhegespinst auf einem Veilchenblatt

Niedlich, mit ausgeprägtem Kindchenschema: die plüschige Mauer-Zebraspringspinne

Die Spinne hat keine Lobby. Viele Menschen fürchten oder ekeln sich sogar vor ihr. Dabei sind Spinnen faszinierende Tiere, wenn man sich auf sie einlässt. Radnetzspinnen (Araneidae) bauen filigrane Kunstwerke aus Seide, die in der Morgensonne silbern schimmern. Die Gartenkreuzspinne *(Araneus diadematus)* beispielweise spinnt ihr erstaunlich gleichmäßiges Netz aus sechs unterschiedlichen Drüsen, mit denen sie sechs verschiedene Fadensorten herstellt. Durch das Zusammendrehen mehrerer Einzelfäden entstehen dicke, reißfeste Fäden. So wird beispielsweise der Sicherheitsfaden aus 200 Einzelfäden gesponnen. Spinnen sind zudem höchst nützliche Tiere. Als Insektenfresser spielen sie eine wichtige Rolle für die Erhaltung des ökologischen Gleichgewichts. Die beiden Wissenschaftler Martin Nyffeler (Universität Basel) und Klaus Birkhofer (Universität Gießen) haben berechnet, dass Spinnen jährlich weltweit etwa 400 bis 800 Millionen Tonnen Beutetiere fressen und mit Ameisen und Vögeln zu den wichtigsten Fressfeinden von Insekten gehören. Zum Vergleich: Der Verbrauch an Fleisch und Fisch der Menschen liegt bei rund 400 Millionen Tonnen pro Jahr (vgl. Arachnologische Gesellschaft, Literaturangabe auf Seite 153).

Im insektenfreundlichen Topfgarten kann man Spinnen verschiedener Größen und mit verschiedenen Jagdstrategien gut beobachten. Nicht alle fangen mit Netzen. Häufig auf sonnigen Hauswänden zu beobachten ist die wärmeliebende Mauer-Zebraspringspinne *(Salticus scenicus)*. Ihren Namen verdankt sie einerseits ihrer lustig hüpfenden Fortbewegung, zum anderen ihrer schwarz-weißen Färbung. Sie ist fellig behaart und ihre Augen sind im Kindchenschema angeordnet. Das hübsche Tierchen wird nur vier bis sieben

Die Krabbenspinne baut keine Fangnetze, sie ist ein reiner Lauerjäger – hier mit erbeuteter Ameise

Millimeter groß und eignet sich hervorragend als sympathische Einsteiger-Spinne für Phobiker. Bei der Jagd pirscht sich die Zebra-Springspinne an ein Insekt an und springt aus einem Abstand von bis zu fünf Zentimetern auf das Beutetier. Es tötet dieses mit einem Giftbiss. Vor dem Sprung sichert sich das Spinnchen mit einem Faden ab. So stürzt es nach einem missglückten Angriff nicht in die Tiefe und kann zurückkehren (mehr dazu im Forum der Arachnologischen Gesellschaft e. V., Adresse siehe Seite 153).

Bis auf wenige Ausnahmen töten oder lähmen Spinnen das Beutetier mit Gift. Da der Mensch für keine Spinnenart zum Beutespektrum gehört, sind nur wenige Gifte von etwa 40 Arten weltweit für Menschen (lebens-)gefährlich. Keine davon lebt in Mitteleuropa.

Mit Glück erleben Sie auf Balkon oder Terrasse auch andere Episoden aus dem Spinnenleben wie Paarungen, Kinderstuben und Häutungen. Und natürlich werden Spinnen auch selbst zur Beute, beispielsweise wenn hungrige Meisen vorbeikommen.

INTERVIEW

Spinnen: Zufallsdestination wilder Meter

Ist ein Stadtbalkon ein geeignetes Habitat für Spinnen?
Dazu habe ich den Biologen Tobias Bauer befragt. Er forscht unter anderem zur Ökologie von Spinnen in Stadtlebensräumen. Kennengelernt habe ich den Experten im Forum der Arachnologischen Gesellschaft, in dem ich meine Balkonspinnen auf Fotos bestimmen lasse.

Herr Bauer, auf meinem Wilden Meter sind 20 Spinnenarten nachgewiesen worden, die ich zufällig entdeckt habe. Wie viele verschiedene Arten würde ein Experte auf einem Balkon mit Wildpflanzen finden, wenn er suchen würde?
Tobias Bauer: Das ist schwierig abzuschätzen. Eine gezielte Einwanderung auf den Balkon will ich nicht unterstellen. Spinnen bleiben oftmals einfach dort, wo sie Futter finden. Also auch auf einem Balkon, wenn sie dort hingelangen und Beute machen. Ein Habitat, zum Beispiel ein Balkon, kann auch als sogenannte ökologische Senke wirken. Das heißt, man findet unter Umständen Arten, die aus einem Quellhabitat, zum Beispiel einer angrenzenden Wiese, stammen, aber auf dem Balkon nicht überleben beziehungsweise stabile Populationen aufbauen können.

Warum können diese Spinnen nicht langfristig auf einem Balkon leben?
Auf dem Balkon ist die Überwinterung das Hauptproblem für die meisten Spinnenarten. Das Substrat in Balkonkästen und Töpfen friert in kalten Wintern in kurzer Zeit komplett durch und taut auch bei geringen Plusgraden aufgrund des geringen Volumens schnell wieder auf. Dazu kommen Störungen durch Einsaaten im Frühjahr. Das sollte für die meisten Spinnenarten ein Problem darstellen. Daher überwintern die meisten Spinnen geschützt in der Bodenstreu, im Laub oder unter der Rinde älterer Bäume.

Ein Balkon ist für die meisten Spinnen daher kein vollwertiger Lebensraumersatz. Einige kleine Zwergspinnen (Linyphiidae) werden sich sicherlich in den Sommermonaten dort fortpflanzen können, dazu kommen typische Hausspinnen wie beispielsweise die Speispinnen-Art *Scytodes thoracica* oder Finsterspinnen der Gattung *Amaurobius,* die aber nicht auf eine Bepflanzung angewiesen sind. Wenn eine Spinne von einer Wiese abwandert und auf einem Balkon landet, auf dem sie im Winter erfriert, findet auf dem Balkon dennoch eine größere gesamtökologische Einbindung statt, als wenn sie auf eine Straße krabbelt und dort von einem Auto überfahren wird. Beide Male ist sie tot. Aber wenn sie auf dem Balkon landet, kann sie bis zum Zeitpunkt des Erfrierens im Winter dort leben und jagen, sich evtl. auch fortpflanzen und vielleicht überlebt sie den Winter sogar. Und solange sie lebt, kann sie auf dem Balkon auch Beute für Vögel wie Meisen werden. Vögel fressen unheimlich gerne Spinnen. Rotkehlchen stopfen die regelrecht in sich hinein.

Unter meinem Balkon gibt es eine artenreiche insektenfreundliche Wiese. Sie wird nur noch zweimal im Jahr mit der Sense gemäht. Daneben gibt es einen Hochstaudensaum, der nur einmal im Frühjahr gemäht wird und als Winterquartier für Insekten und Spinnen stehen bleibt. Zusätzlich gibt es Totholzelemente. Würde eine Spinne im Winter vom Balkon auf die Wiese hinunterklettern, um nicht auf dem Balkon zu erfrieren?
Wenn sie kein geeignetes Überwinterungshabitat findet, kann ich mir gut vorstellen, dass eine Krabbenspinne aus dem ersten Stock auf die Wiese nach unten abwandert. Aus dem fünften Stock würde ihr das aber sicherlich schwerfallen. Vielleicht fliegt sie noch mit dem Fadenfloß davon, aber das kommt auch auf das Entwicklungsstadium an. Eventuell bleibt sie auch dort und erfriert im Winter. Das ist aber schwer zu sagen und sicherlich artabhängig.

Ich habe in einem Spinnenfachbuch gelesen, dass überwinternde Spinnen oft erstaunlich kälteresistent sind und es rätselhaft ist, weshalb Spinnen mit relativ geringer Kälteresistenz selbst sehr strenge Winter überleben können.
Es stimmt, die meisten Spinnen sind erstaunlich kälteresistent. Allerdings zeigen Untersuchungen, dass die Spinnendichte und die Spinnendiversität in Agrarlandschaften vor allem in Gehölz- und Krautstreifen nach dem Winter deutlich höher ist als auf dem Acker selbst. Bestimmte Arten bevorzugten dabei auch bestimmte Überwinterungshabitate.

Etwa 85 Prozent unserer heimischen Spinnenfauna überwintert laut Fachliteratur vor allem in der Bodenzone von null bis 15 Zentimetern. Ich habe Blumenkästen mit 15 Zentimeter Tiefe, aber auch größere Töpfe von 20 bis 60 Zentimeter Tiefe. Aber natürlich ohne ausgeprägte Streuschicht aus abgestorbenen Pflanzen wie auf einer natürlichen Wiese. Dafür habe ich einen Holzrost auf dem Estrich, unter dem sich Erde und Laub ansammelt, und eine Ecke, wo ich das Laub des Wilden Weins den ganzen Winter liegen lasse. Könnte es sein, dass eine Spinne einen tieferen Topf oder den Laubhaufen zum Überwintern aufsucht und überlebt?
Ein Krautstreifen, also ein Randstreifen mit krautigen Pflanzen neben einem Weg oder einer Hecke, ist auf dem Balkon schwierig nachzuahmen. Allerdings kann eine Kiste mit Laub oder ein Laubhaufen durchaus nützlich sein. Kleinere Spinnen überwintern darin sicherlich erfolgreich.

Haben Sie noch weitere Tipps, damit Spinnen im Winter auf einem Balkon besser überleben können?
Auch armdicke, an die Hauswand gelehnte Äste mit abblätternder Borke, zum Beispiel von Bergahorn oder Fichte, könnten auf einem Balkon ein geeignetes Überwinterungshabitat für Spinnen darstellen. Darüber ist nur wenig bekannt, hier gilt es auszuprobieren. Wenn sich im Frühjahr für Häuser untypische Arten in einer Kiste oder unter der Rinde von solchen Ästen finden, haben sie dort sehr wahrscheinlich auch erfolgreich überwintert. Ich finde sogar an Bäumen mit solch einer Borke, die isoliert auf einem Parkplatz stehen, stets einige interessante Spinnenarten. Es scheint, die Spinnen finden solch ein Habitat sofort und besiedeln es, recht unabhängig vom Standort. Mit einer naturnahen Bepflanzung haben diese Arten auf einem Balkon dann auch mehr als genug zu fressen.

Tobias Bauer (Jahrgang 1987) studierte Agrarbiologie und Landschaftsökologie an der Universität Hohenheim. Seit 2016 ist er am Staatlichen Museum für Naturkunde Karlsruhe im Referat Zoologie und als freiberuflicher Biologe tätig. Er forscht u. a. zu Biodiversität in städtischen Lebensräumen sowie zur Biogeographie, Taxonomie und Ökologie westpaläarktischer Spinnenarten (Araneae). Außerdem engagiert er sich ehrenamtlich bei der Bestimmung von Spinnen in verschiedenen Internetforen sowie innerhalb der Arachnologischen Gesellschaft.

Haussperling bedient sich im Frühjahr am frischen Grün eines Berliner Topfgartens

Vögel

All you can eat am Balkonbuffet

Saftige Beeren, leckere Sämereien, nahrhafte Insekten und eine Wasserschale zum Trinken und Baden: Ein Kleinstnaturgarten kann zum Wohlfühlort für Vögel werden. Kommt ein Nistkasten hinzu, bleiben sie bisweilen auch zum Brüten und zur Kinderaufzucht.

Zu den regelmäßigen Gästen auf Balkon oder Terrasse gehören Meisen. Von den sechs in Deutschland beheimateten Arten kommen vor allem Kohlmeise *(Parus major)* und Blaumeise *(Cyanistes caeruleus)* zu Besuch. Man kann sie das ganze Jahr über beobachten, wie sie zwischen Töpfen und Pflanzen herumhüpfen und Insekten und Spinnen jagen. Meisen wie auch die Buntspechte lieben es, sich an Bienen- und Wespenlarven in frei zugänglichen Nisthilfen zu bedienen. Wer nicht möchte, dass die Nester geplündert werden, sollte ein schützendes Gitter anbringen. Als Höhlenbrüter nehmen beide Meisenarten

Eine Kohlmeise hat Appetit auf die Bienenlarven in einer Insektennisthilfe

Nachwuchs von Balkon-Kohlmeisen in Paderborn

Stieglitze lieben Samen von Kardengewächsen wie der Gelben Skabiose

Nistkästen an, auch in Menschennähe. Naturschutzorganisationen wie NABU und LBV bieten sie mit den jeweils richtigen Größen der Einfluglöcher an: 28 Millimeter für Blaumeisen, 32 Millimeter für Kohlmeisen. Denn bei Nistplatzmangel vertreiben die größeren Kohlmeisen die schwächeren Blaumeisen, wenn das Loch am Kasten groß genug für sie ist.

Hat man Kornblumen *(Centaurea cyanus)* im Angebot, wird man im Sommer vielleicht von bunten Stieglitzen (Distelfinken) beehrt. Die Samen des Acker-Wildkrauts gehören ebenso wie die Samen von Kardengewächsen (Dipsacoideae) und Kratzdisteln (Cirsium) zu ihrer Leibspeise. Stieglitze *(Carduelis carduelis)* sind fröhliche Erscheinungen, deren rote, gelbe und schwarze Zeichnung sich aus der Nähe erst richtig bewundern lässt. Sie speisen gerne in Gesellschaft, turnen dabei akrobatisch an dünnen Stängeln herum und schwatzen ausgiebig. Wo sich die geselligen Distelfinken versammeln, ist auch der grün-gelbe Grünfink *(Chloris chloris)* nicht weit. Er wurde schon in mehreren deutschen Großstädten auf naturnahen Balkonen gesichtet. Auf meinem Wildpflanzen-Balkon verspeist er im Sommer gerne in aller Ruhe Samenkorn für Samenkorn des Gemeinen Natternkopfs *(Echium vulgare)*, Wegerich-Natternkopfs *(Echium plantagineum)* und des Borretschs *(Borago officinalis)*.

Die Amsel *(Turdus merula)* ist ein Drosselvogel, der dem Menschen vor 150 Jahren aus dem Wald in seine Siedlungen folgte. Mit ihrem hinreißenden Reviergesang an exponierten Orten wie Dächern, Straßenlaternen oder Balkonbrüstungen unterhalten die Männchen von März bis Mitte Juli die gesamte Nachbarschaft. Amseln brüten in offenen Nestern in Gehölzen. Oft suchen sich die verstädterten Vögel aber auch ein Plätzchen im Balkonkasten aus und ziehen ihren Nachwuchs in Sichtweite auf. Wer die Gelegenheit hat,

Balkon-Singwarte meines zutraulichen Amselmännchens Anton auf dem wilden Meter

große Pflanzgefäße aufzustellen (Platz und Traglast beachten!), kann sie auch mit Gehölzen bepflanzen, deren Früchte gerne von Amseln gefressen werden. Dokumentiert von Münchner Balkonamseln ist der Genuss von Beeren des Faulbaums *(Rhamnus frangula)*, des Wilden Weins *(Parthenocissus)* und der Kulturheidelbeere *(Vaccinium)*.

Blühender Faulbaum: Amseln fressen gerne die Früchte

Amselnest mit fünf grünen Eiern im Pflanztrog einer Terrasse

Auch die Beeren des Wilden Weins locken Amseln an

INTERVIEW

So werden Sie Vogelstimmen-Kenner auf dem Balkon

Fünf Tipps vom Vogelphilipp

Im Frühling und Frühsommer zwitschert und flötet es von Bäumen und Dächern. Das Vogelkonzert lässt sich auch gut auf dem Balkon oder am Fenster genießen. Für alle, die gerne wissen möchten, wer da singt, gibt es fünf Tipps von Vogelkundler Philipp Herrmann, besser bekannt als der »Vogelphilipp«. Er verrät, wie Sie die Balkonsänger bestimmen und sich einprägen können.

Tipp 1: Üben Sie mit den Video-Aufnahmen der Top-10-Balkonsänger!

»Es hilft, sich die Stimme eines Vogels einzuprägen, wenn man den Vogel beim Singen sieht. Da die Vögel aber oft außer Sichtweite oder vom Laub verdeckt im Baum sitzen, kann man auch mit Videos üben. Auf meiner Internetseite habe ich für alle interessierten Vogelstimmen-Balkonforscher Übungsvideos zusammengestellt. Zu sehen und zu hören sind Vogelarten, die man häufig auf dem Balkon hören kann. Die Top Ten der Balkonsänger sind Amsel, Blaumeise, Buchfink, Buntspecht, Grünfink, Hausrotschwanz, Kohlmeise, Mönchsgrasmücke, Stieglitz und Zilpzalp.«

Die Übungsvideos findet man unter www.dervogelphilipp.de/balkonvoegel

Tipp 2: Legen Sie ein Fernglas auf die Fensterbank!

»Falls Sie ein Fernglas besitzen, legen Sie es in die Nähe des Fensters oder des Balkons! So hat man es schnell zur Hand, wenn ein Vogel in der Nähe singt. Das Fernglas kann eventuell zu Problemen mit Nachbarn führen, die sich beobachtet fühlen. Hier muss man im Einzelfall abwägen beziehungsweise das Gespräch suchen.«

Singendes Rotkehlchen: Sein Gesang ist im Unterschied zu dem vieler anderer Singvögel auch im Winter zu hören

Tipp 3: Üben Sie mit Audio-Aufnahmen mit Anmoderation!

»Ich habe Vogelstimmen bereits als Kind geliebt: Zum Einschlafen hörte ich Vogelstimmen-CDs, mit 15 konnte ich alle heimischen Vogelstimmen identifizieren. Wer das Erkennen von Vogelstimmen mit Audio-Aufnahmen per CD oder MP3-Audio-Files trainieren möchte, sollte unbedingt auf den Hinweis mit ›Anmoderation‹ achten. Das heißt, bevor man die Vogelstimme hört, wird angesagt, welcher Vogel singt. So muss man nicht auf einer CD-Hülle oder auf dem Mobiltelefon den Titel der jeweiligen Audiodatei mitlesen.

Wichtig ist auch, dass neben dem Namen nicht zu viele weitere Informationen zum jeweiligen Vogel angesagt werden, wie beispielsweise die Flügelspannweite, der wissenschaftliche Name oder Ähnliches. Denn wenn man sich einen bestimmten Vogel zum Lernen öfter anhören möchte, dann nervt das irgendwann.«

Tipp 4: Fangen Sie nicht mit den Meisen an!

»Meisen singen so unglaublich variabel, sie eignen sich nicht für Einsteiger. Gerade die Kohlmeise legt auch mich immer noch rein! Sie macht zum Beispiel auch das ›Fink fink‹, das eigentlich der Buchfink macht. Für Anfänger eignet sich hingegen der Zilpzalp, denn der singt seinen Namen, ähnlich dem Kuckuck.

Auch bei meinen Vogelstimmenwanderungen ist es ungünstig, wenn die Kohlmeise singt. Denn zuhause hören die Teilnehmer dann einen Vogel im Baum

Stieglitze futtern gerne die Kornblumensamen auf dem wilden Meter.
Eine gute Gelegenheit, ihre Stimme kennenzulernen, da sie dabei recht geschwätzig sind.

oder auf CD, der ganz anders singt, und das ist dann auch die Kohlmeise. Das ist natürlich frustrierend und man gibt vielleicht zu schnell wieder auf. Wenn man den Zilpzalp bei der ersten Vogelwanderung lernt, ist das super, denn der Gesang ist leicht wiederzuerkennen, auch von Vogelstimmen-Einsteigern.«

Tipp 5: Sie müssen nicht früh aufstehen!

»Ich habe eine gute Nachricht für Morgenmuffel und Langschläfer: Man muss nicht um vier Uhr in der Früh aufstehen. Das ist nur der Gesangsbeginn. Die Vögel singen später auch noch. Am Anfang ist es sowieso besser, eher mittags rauszugehen, denn da singen weniger Vögel. Wenn man um sieben Uhr morgens auf den Balkon, in den Park oder in den Wald geht, da wird man als Anfänger vom vielstimmigen Morgenkonzert schnell überfordert. Gerade im April und Mai.

Viele Vogelstimmen-Einsteiger kennen die Vogeluhr und meinen deshalb immer, man muss auf den Balkon zu der Uhrzeit raus, zu der die Vogelart auf der Vogeluhr abgebildet ist. Das ist aber ein prinzipielles Missverständnis. Die Vogeluhr zeigt nur, wann der Vogel am Tag anfängt zu singen. Um einen bestimmten Vogel zu hören, muss man aber nicht zu einer bestimmten Uhrzeit aufstehen.

Außerdem erzeugt die Vogeluhr ein weiteres Missverständnis. Auf der Vogeluhr sieht man viele Vögel auf einem Haufen, die aber in der Wirklichkeit nie alle zusammen zu beobachten sind. Man müsste schon an einem ganz besonderen Platz stehen, dass man die Vögel so nacheinander singen hört, wie sie auf der Vogeluhr abgebildet sind. Die kommen teilweise gar nicht miteinander vor. An der Vogeluhr sieht man aber zumindest, dass manche Vögel sehr früh anfangen und andere später – wie die Menschen eben auch.«

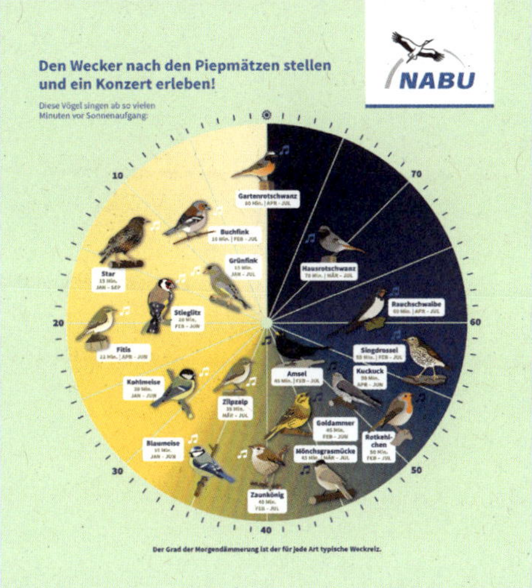

Eine interaktive Version der Vogeluhr mit kurzen Hörproben der Vogelstimmen finden Sie beim NABU unter: www.nabu.de/vogeluhr

Philipp Herrmann (Jahrgang 1982) ist Ornithologe, Verhaltensforscher und Artenkenner. Da er sich seit seinem 11. Lebensjahr intensiv mit der Vogelkunde beschäftigt, wird er auch »**Vogelphilipp**« genannt. Herrmann studierte Naturschutz und Landschaftsplanung an der Hochschule Anhalt in Bernburg und verbrachte anschließend ein knappes Jahr am Biodiversity Lab der Universität Bath in Südengland. Dort forschte er zur Biologie von Regenpfeifern auf den Falklandinseln und in Makronesien. Es folgten verschiedene berufliche Stationen in Deutschland, unter anderem als Gebietsbetreuer für das Naturschutzgebiet »Ehemaliger Standortübungsplatz Landshut« und als Mitarbeiter an der Höheren Naturschutzbehörde der Regierung von Niederbayern. Heute arbeitet Herrmann beim Landesbund für Vogel- und Naturschutz in Bayern als Referent für Artenschutz. Öffentlich bekannt geworden ist er durch seine innovative »Vogelstimmenhotline«, ein Service für Bürgerinnen und Bürger zur Bestimmung von Vogelstimmen-Aufnahmen per WhatsApp. Im Jahr 2020 war der engagierte Artenschützer Preisträger im Wettbewerb zur UN-Dekade »Biologische Vielfalt«. Herrmann lebt mit Frau und Kindern in Landshut.
Mehr unter: www.dervogelphilipp.de

Strukturelemente

Mehr Wildnis schaffen

Ein Balkon oder eine Terrasse ist für Insekten, Spinnen und Vögel zunächst einmal so unwirtlich wie der Mond: glatter Beton. Neben der naturnahen Begrünung mit einheimischen Pflanzen kann man mit Strukturelementen im Topfgarten noch mehr für Brummer und Krabbler tun. Hier finden Sie Tipps, wie Sie Löcher, Nischen, Spalten und Winkel zum Verstecken, Jagen oder Ruhen anbieten können. Auch Wasser ist wertvoll. Je mehr Strukturelemente vorhanden sind, desto wilder wird es.

Ein Grabwespchen nistet in einem Brombeerstängel

↑ Erfolgreiche Fallenstellerin: Haubennetzspinne erbeutet Wildbiene in etwa 80 Zentimeter Höhe in einer Nessel-Glockenblume

← Senkrecht befestigte Brombeerstängel werden von einigen Grabwespen- und Wildbienenarten als Nistplatz genutzt

Pflanzen

Mit Pflanzen verschiedener Wuchshöhe schafft man innerhalb der Topfgarten-Vegetation grüne Etagen. Stängel höherer Pflanzen werden beispielsweise gerne von Spinnen zum Aufspannen ihrer Netze genutzt. Wenn möglich: Nutzen Sie auch die dritte Dimension und begrünen Sie Ihre Wände mit Kletterpflanzen. (Tipp für Mieter: Bei Selbstklimmern mit Haftwurzeln und wenn Bohrungen in die Wand für Rankgitter nötig sind, unbedingt vorher mit dem Vermieter abklären, was erlaubt ist!) Die Stängel von verblühten Pflanzen und trockene Blätter sollten im Herbst nicht abgeräumt werden. Sie dienen vielen Insekten zur Eiablage oder zur Überwinterung. Falls Sie Gehölze im Topfgarten beherbergen: Sammeln Sie das abgefallene Laub und bieten Sie es als Winterquartier für Insekten und Spinnen in einer Ecke an. Sie können auch Blätter aus dem nächsten Park holen.

Nisthilfen für Insekten

Bieten Sie Nisthilfen mit Hohlräumen von drei bis neun Millimeter Durchmesser an. Je vielfältiger die Durchmesser der Bohrungen oder Röhrchen sind und je unterschiedlicher die Materialien, umso mehr Arten machen Sie ein Angebot, bei Ihnen einzuziehen. Es gibt Nisthilfen aus hartem Laubholz wie Esche, Eiche oder Buche, aus gebranntem Ton, Schilf, Bambus, Stroh oder

Verschiedene Wildbienenarten in einer Nisthilfe aus Buchenholz

Angebot für Spinnen und Insekten im Winter: ein Laubhaufen bietet Unterschlupf

Rostrote Mauerbienen im Anflug auf einen Terracotta-Niststein

Ein morscher Baumstamm als Totholz-Element lockt vielleicht die Blauschwarze Holzbiene in den Topfgarten

Nisthilfen aus Strohhalmen werden von kleineren Wildbienen gerne angenommen, zum Beispiel von der Gewöhnlichen Löcherbiene

auch Papprüllchen. Sie können sie selbst anfertigen oder im geeigneten Fachhandel kaufen. Doch aufgepasst: Leider wird jede Menge haarsträubender Unsinn für viel Geld verkauft. Dabei ist es eigentlich ganz einfach. Man muss sich nur vorab ein bisschen informieren, zum Beispiel im Buch »Fertig zum Einzug – Nisthilfen für Wildbienen« von Werner David (siehe Literaturliste auf Seite 154) oder auf der Website von Paul Westrich (www.wildbienen.info).

Totholz

Nisthilfen aus Holz werden häufig auch von manchen Wespenarten genutzt. Sie nagen Holzfasern ab, vermischen sie mit Speichel und bauen damit ihre kunstvollen Papiernester. Falls Sie hölzerne Rankgitter verwenden, werden diese auch gerne zum Nagen genutzt. Wer Platz hat, kann auch einen morschen Baumstamm oder Ast in die Ecke lehnen. Wenn Sie Glück haben, zieht vielleicht die Blauschwarze Holzbiene *(Xylocopa violacea)* ein. Sie nagt sich ihre Brutröhren selbst ins Holz.

Markhaltige und hohle Stängel

Einige Wildbienenarten wie beispielsweise Keulhornbienen *(Ceratina)*, viele Maskenbienen *(Hylaeus)* oder einige Mauerbienen *(Osmia)* sowie verschiedene Wespen wie zum Beispiel einige Grabwespenarten (Sphecidae) nutzen senkrecht stehende markhaltige oder hohle Stängel. Je nach Art nagen sie ihre Nistgänge selbst oder ziehen als Nachmieter ein. Geeignet sind beispielsweise Stängel von Brombeeren, Himbeeren, Holunder oder Königskerzen. Sie sollten vertikal und einzeln, nicht in Bündeln, angebracht werden, zum Beispiel an der Balkonbrüstung.

INTERVIEW

Nestverschlüsse Wildbienen: das Wettrüsten von Räuber und Beute

In mehrstöckigen Mietshäusern erkennt man meistens schon an der Wohnungstür, wer da wohnt, ohne den Namen am Klingelschild zu lesen. An einer Tür hängt ein Kranz aus Trockenblumen, an der anderen die Weihnachtsdeko vom letzten Jahr und beim nächsten liegt eine Fußmatte, auf der »Welcome« steht. Bei Wildbienen ist das ein bisschen ähnlich. Jede Art hat einen individuellen Nestverschluss. Sie verwenden dazu unterschiedliche Materialien wie Lehm, Steinchen, Blätter oder Harz und machen daraus regelrechte Kunstwerke. Experten können aufgrund der Beschaffenheit des Nestverschlusses mit einiger Gewissheit sagen,

Nestverschlüsse aus Lehm und Steinchen der Glockenblumen-Scherenbiene in einem Bambus- und einem Schilfröhrchen auf dem wilden Meter

welche Biene oder Lehmwespe in dem Röhrchen ihren Nachwuchs untergebracht hat. Der Biologe Dr. Andreas Fleischmann von der Botanischen Staatssammlung in München erklärt im Interview, warum die Bienen so vorgehen.

Katharina Heuberger: Herr Dr. Fleischmann, welchen biologischen Sinn hat es, dass Wildbienen ihre Nester mit unterschiedlichen Materialien verschließen. Sie könnten doch einfach alle mit demselben System arbeiten?

Dr. Andreas Fleischmann: Die unterschiedlichen Nestverschlüsse der Wildbienenarten sind oft das Ergebnis eines »Wettrüstens« zwischen einer Wildbienenart und ihren spezifischen Fressfeinden, Nesträubern oder Parasiten. Die Bienenmutter verwendet bestimmte Materialien, um ihre Bienenkinder vor dem Gefressenwerden, aber auch vor Witterungseinflüssen zu schützen. Sie kann ihren Nachwuchs nicht persönlich verteidigen, denn sie stirbt zumeist bald nach dem Nestbau und der Eiablage und lernt ihre Kinder nie kennen. Deshalb muss das Nest bestmöglich das Überleben der nächsten Generation sicherstellen. Dazu verwenden die Bienen alle möglichen Tricks.

Und wie funktioniert das nun im Einzelnen?

Die Natternkopf-Mauerbiene beispielsweise verwendet zuerst Lehm, nagt dann aber Holzspäne ab und klebt die noch drauf. Das sieht dann ein bisschen aus wie die Tarnkleidung der Bundeswehr und dient wohl dazu, dass das Nest vor optisch orientierten Fressfeinden wie Vögeln gut getarnt ist. In der Natur nisten diese Bienen meist in Käferfraßgängen in Holz. Mit der Holzspäne-Camouflage ist der Nesteingang zum Beispiel auf einem Baumstamm sehr schlecht zu sehen.

Warum verwenden die Gehörnte Mauerbiene und die Rostrote Mauerbiene nur Lehm, ohne die Holzspäne?

Diese Mauerbienen-Arten kommen aus wärmeren Gegenden und leben erst seit einiger Zeit bei uns in Nisthilfen im städtischen Raum. In ihren Herkunftsregionen nisten diese Arten in Lehmsteilwänden, nicht in Holz. Sie besiedeln alte Nester von Pelzbienen, wie der Wildbienenexperte Dr. Paul Westrich herausgefunden hat, da brauchen sie die Holzspäne nicht zur Tarnung.

Es gibt auch Nestverschlüsse mit Steinchen. Wie funktioniert hier der Trick?

Das sind meist die Nester von Scherenbienen: Glockenblumen-Scherenbienen und Hahnenfuß-Scherenbienen. Die machen einen Verschluss aus Lehm und in den noch feuchten Mörtel legen sie viele Steinchen rein. Diese sollen die Bie-

↑ Nestverschlüsse (v. li. n. re.): Die Luzerne-Blattschneiderbiene verwendet Blütenblätter, die Glockenblumen-Scherenbiene nutzt Lehm und Steinchen, Mauerbienen mörteln nur mit Lehm

← Maskenbiene verschließt ihr Nest in einem Bambusröhrchen mit körpereigenem Sekret

nenlarven und -puppen wohl vor allem vor Schlupfwespen schützen. Diese sind biologische Gegenspieler, die dem Wirt das Essen wegnehmen oder die Wirtslarve dann fressen. Kuckucksarten oder Parasitoide sagt man dazu eigentlich. Die Schlupfwespen wollen mit ihrem langen Legestachel durch den Nestverschluss stechen und in die Zelle mit der Bienenlarve ihr Schlupfwespen-Ei ablegen. Aber durch diese Steinchen wird der Verschluss quasi so hart wie Stahlbeton, da kommen die nicht durch.

Die Hahnenfuß-Scherenbienen haben zusätzlich noch einen ganz raffinierten Trick. Die verwenden sozusagen auch noch eine chemische Tarnung. Sie machen über den Verschluss aus Lehm und Steinchen noch eine glatte Schicht aus Erde oder Lehm, in den sie Nektar mit hineinwürgen. Das Nektarwasser ist quasi Zuckerwasser, das ins Holz zieht. Und dann kommt ein ganz spezieller Schimmelpilz und es entsteht ein schwarzer Flaum, der über den Nestverschluss und das umliegende Holz wächst. So ist der Nestverschluss zum einen nicht mehr als runde Öffnung zu erkennen und zum anderen riecht das wohl auch nicht mehr nach Biene.

Es werden also nicht nur die Augen der Feinde, sondern auch die Nasen getäuscht?

Genau! Auch die Blattschneiderbienen haben eine eigene raffinierte Strategie. Sie schneiden kreisförmige oder halbkreisförmige Stücke beispielsweise aus Rosen-, Weiden- oder Pappelblättern und bauen ihr Nest aus diesen Blättern, auch in Nisthilfen. Das Blatt dient offensichtlich wieder dazu, dass das Nest nicht nach Biene riecht, sondern nach getrockneter Pflanze, so wie bei einem Blütenpotpourri. Somit erkennen die Feinde das nicht als Bienennest. Zudem könnte das Material hier auch eine Rolle spielen, das Nest gegen Witterungseinflüsse abzudichten.

Wildbienen haben neben den Schlupfwespen noch andere Gegenspieler, die man auch an Nisthilfen auf einem Balkon beobachten kann, beispielsweise Kuckucksbienen, Schmalbauchwespen, Keulenwespen oder verschiedene Fliegenarten. Die menschlichen Sympathien gelten meistens den Wildbienen, die für ihren Nachwuchs Nester bauen und den Proviant ranschaffen, also fleißig arbeiten. Die Parasitoide sind aus menschlicher Sicht die Bösen, die Diebe, Kindermörder, Betrüger, Bienenschädlinge. Wie sehen Sie das als Biologe?

Kuckucksbienen und Parasitoide sind keine Schädlinge. Sie nutzen einfach die Ressource Bienenlarve oder Bienennahrung, so wie die Bienen die Ressourcen Pollen und Nektar nutzen. Alles, was da ist, wird genutzt. Es ist gibt in der Natur immer ein Wettrennen zwischen dem Räuber und der Beute und die passen sich dann gegenseitig an. Eine Biene, die ihre Kinder im Käferfraßgang vor dem Buntspecht schützen will, könnte zum Beispiel als Strategie auf andere Nistmöglichkeiten ausweichen, zum Beispiel auf leere Schneckenhäuser. Die hat der Buntspecht nicht im Beutespektrum. Aber im Schneckenhaus muss sie sich dann etwas einfallen lassen, um sich zum Beispiel gegen die Drosseln zu schützen, weil diese die Schneckenhäuser knacken könnten.

PD Dr. Andreas Fleischmann, geboren 1980 in Landsberg am Lech, ist seit 2014 Wissenschaftler und Kurator für Blütenpflanzen an der Botanischen Staatssammlung München, wo er auch mehrere Citizen Science Projekte mit Wildbienen betreute. Er ist auch Privatdozent für Systematik, Biodiversität und Evolution der Pflanzen an der Ludwig-Maximilians-Universität München, seit 2020 hat er den ersten Vorsitz der Bayerischen Botanischen Gesellschaft inne.

Andreas Fleischmann interessierte sich schon als Kind für Pflanzen und Insekten und machte diese Leidenschaft nach seinem Biologiestudium zu seinem Beruf. Er forscht an Pflanze-Tier-Interaktionen, vor allem der Bestäubungsbiologie heimischer Pflanzenarten, sowie zu fleischfressenden Pflanzen auf der ganzen Welt. Sein Interesse gilt jedoch auch den heimischen Wildbienen, die er im eigenen Garten als begeisterter Naturgärtner seit vielen Jahren fördert und beobachtet.

Eine Deutsche Wespe nagt Holzspäne von einem Bambusstab für den Bau ihres Papiernests

Diese Mauereidechse wohnte einen Münchner Sommer lang im fünften Stock unter dem Holzrost

Tonscherben

Zerbrochene Tontöpfe kann man in einem ruhigen und trockenen Winkel als Scherbenhaufen lagern. Dort bilden sie wertvolle Rückzugsräume für Spinnen und andere Kleintiere. Auch umgedrehte Töpfe werden von Spinnen geliebt.

Bodenrost

Ein bereicherndes Strukturelement ist ein Bodenrost aus Holz. Unter ihm finden Asseln, Tausendfüßer, Spinnen, Käfer und auf Terrassen bei ein wenig Glück auch Eidechsen Unterschlupf. Wichtig: Den Holzrost zum Schutz gegen Verwitterung nicht mit schädlichen Holzschutzmitteln streichen. Tipp: Verwenden Sie Bio-Leinölfarben!

Wasserstellen

An heißen Sommertagen trocknen viele natürliche Wasserstellen wie Pfützen und Gräben rasch aus. Unsere Insekten und Vögel leiden dann, vor allem in der stark versiegelten Stadt, unter Wassermangel. In Gefäßen mit Wasser für Insekten sollten Moos oder Steine als Landeplatz vorhanden sein. Wespen sind häufige Gäste, sie brauchen das Wasser vor allem zum Bauen und Kühlen des Nests. Wildbienen nehmen Wasser hauptsächlich über Nektar auf. Von Vögeln werden Wasserstellen gerne zum Trinken und Baden angenommen. Sie sollten täglich gereinigt und neu mit Wasser befüllt werden, damit sich keine Krankheiten ausbreiten. Am besten verwendet man abwechselnd zwei Schalen, sodass eine immer vollständig abtrocknen kann. Vögel baden auch gerne im Sand, weil ihnen das gegen Parasiten hilft. Wer genügend Platz hat, kann auch ein Sandbad in einer flachen Schale anbieten.

↑ Blaumeise an einer Balkon-Wasserstelle in Berlin
↓ Ein Amselweibchen badet auf dem Balkon bei hochsommerlichen Temperaturen

Jeder Hohlraum ist eine Ressource: Auf dem wilden Meter nutzen beispielsweise die friedfertigen Haus-Feldwespen gerne den Meisenkasten als Nistplatz und Winterquartier

↖ Männchen der Feldwespen lugen aus dem Einflugsloch

↗ Haus-Feldwespen bauen kleine Nester mit nur etwa 50 bis 150 Waben

← Manchmal entdecken Meisen den Überwinterungsplatz der Feldwespen – und freuen sich über einen Insekten-Snack

Nistkästen für Vögel

Zahlreiche Vogelarten nehmen mangels Bruthöhlen in Bäumen Nistkästen an. Vor allem Meisen ziehen in Höhlenbrüterkästen in Menschennähe (siehe Seite 129). Man sollte sie während der Brut und Aufzucht möglichst wenig stören, also Balkon und Terrasse in diesen Wochen möglichst nicht betreten, damit die Brut nicht aufgegeben wird. Meisenkästen werden nicht nur zum Brüten, sondern auch zum Übernachten in kalten Winternächten genutzt. Aber die künstlichen Höhlen werden in der vom Menschen stark versiegelten Umwelt auch gerne von anderen Tieren genutzt, auf meinem Balkon beispielsweise als Nistplatz und Überwinterungsquartier von Feldwespen.

→ Ein Nistkasten dient Meisen auch in kalten Winternächten als Quartier

Die ersten Mauerbienen sind geschlüpft: Katharina Heuberger auf Balkon-Safari im Frühling

Der wilde Meter

Ein Beispiel für Artenvielfalt auf einem Wildpflanzen-Balkon

Seit 2013 bepflanzt Katharina Heuberger ihren zehn Quadratmeter großen Südbalkon im Zentrum von München mit einheimischen Wildpflanzen. Sie nennt ihn »Wilder Meter«. Ihre Balkonbesucher aus der Tierwelt fotografiert sie und bestimmt sie dann mithilfe von Wissenschaftlern, Experten, einschlägigen Seiten des Internets, verschiedenen Foren und Büchern. Über 140 Tierarten wurden so dokumentiert, von »A« wie »Ameisen« bis »Z« wie »Zikaden«. Sogar eine Mauereidechse lebte einen Sommer lang im Großstadt-Biotop im fünften Stock. Die komplette Gästeliste finden Sie hier: www.wildermeter.de. Über ihre kleinen Abenteuer mit wilden Tieren, ergänzt mit interessantem Hintergrundwissen, berichtet sie unter dem Navigationspunkt »Balkon-Safari«.

↑ Mauereidechse Emmi kletterte bis auf den wilden Meter im fünften Stock

↗ Ein Siebenpunkt-Marienkäfer sonnt sich auf einer Färberkamille. ↗ Eine Blumenfliege ruht auf einer Rundblättrigen Glockenblume.

→ Kamelhalsfliegen gelten als lebende Fossilien. Sie lebten schon vor 66 Millionen Jahren.

↓ Hummeln vibrieren hörbar mit ihrer Brustmuskulatur, um den Pollen des Klatschmohns zu ernten

↘ Ein Amselweibchen buddelt im Blumentopf auf der Suche nach Rosenkäfer-Larven

Topfgarten-Besucher bestimmen

TIPP

Wer sich für die Identität der Gäste auf Balkon und Terrasse interessiert, kann sich mit Fotos an einschlägige Foren im Internet wenden. Ein paar Empfehlungen:

- Europäische Schmetterlinge: www.lepiforum.de
- Käferfauna Deutschlands: www.kerbtier.de
- Heuschrecken in Europa: www.forum.orthoptera.ch
- Europäische Spinnentiere: www.forum.arages.de

Auch auf Facebook gibt es Bestimmungsgruppen, zum Beispiel »Libellen bestimmen (ID)«, »Wer bin ich? Insekten, Spinnen und andere Gliederfüßer« oder »Einheimische Schmetterlinge«.

Die Autorin

Katharina Heuberger

Die Journalistin betreibt eine Agentur für Kommunikation und widmet sich schwerpunktmäßig Themen ökologischer Lebensmittelwirtschaft sowie des Umwelt- und Naturschutzes. So unterstützte sie unter anderem das Presseteam des erfolgreichen Volksbegehrens »Artenvielfalt – Rettet die Bienen! « in Bayern 2019.

Seit Anfang 2017 berichtet Katharina Heuberger über ihren Wildpflanzenbalkon in Münchens Stadtmitte auf ihrem Online-Magazin »wildermeter.de«. Hierüber – wie mit ihren Vorträgen, ihrer Präsenz im Fernsehen und Radio sowie Berichten in der Presse – konnte sie nicht nur viele Menschen begeistern, sondern mit ihren wilden Metern auch vielfach Anerkennung erringen: 2020 Bayrischer Biodiversitätspreis und 1. Preis in der Kategorie »Bestehende Naturbalkone« im bundesweiten Wettbewerb der Initiative »Deutschland summt«, 2021 Naturgarten-Prämierung mit Gold im Projekt »Tausende Gärten – Tausende Arten«.

← Männchen der Glockenblumen-Scherenbiene im Anflug auf eine Rundblättrige Glockenblume

Danksagung

Befreundete Naturbalkongärtnerinnen und -gärtner aus ganz Deutschland haben mir großzügigerweise Fotos von ihren Projekten für dieses Buch zur Verfügung gestellt. So konnte ich eine größere Bandbreite von Balkonsituationen zeigen. Diesen Mitstreiterinnen und Mitstreitern sei herzlich gedankt.

Meine Citizen-Science-Forschungen im Habitat »Balkon« haben folgende Experten mit ihrem Fachwissen unterstützt (in alphabetischer Reihenfolge):
Prof. Dr. Horst Aspöck (Medizinische Universität Wien)
Tobias Bauer (Staatliches Museum für Naturkunde Karlsruhe)
Markus Bräu (Referat für Klima und Umweltschutz, München)
Simon Dietzel (TU München)
Dr. Klaus von der Dunk (Hemhofen)
Dr. Andreas Fleischmann (Botanische Sammlung München)
Jürgen Gebhart (Wiedergeltingen)
Andreas Haselböck (Staatliches Museum für Naturkunde Stuttgart)
Philipp Herrmann (LBV)
Dr. Christiana Klingenberg (früher: Staatliches Museum für Naturkunde Karlsruhe)
Dr. Christian Schmid-Egger (Deutsche Wildtierstiftung, Berlin)
Dr. Andreas Segerer (Zoologische Staatssammlung München)
Dr. Paul Westrich (Kusterdingen)
Dr. Karl-Heinz Wickl (Schnaittenbach)

Für Interviews, die ins Buch eingeflossen sind, standen mir freundlicherweise Tobias Bauer (Spinnen), Dr. Klaus von der Dunk (Fliegen), Dr. Andreas Fleischmann (Wildbienen) und Philipp Herrmann (Vögel) zur Verfügung.

Anhang

Weiterführende Informationen

Gärtnern mit Wildblumen in Topf und Kasten

aid infodienst e. V., Hrsg.: **Kultursubstrate im Gartenbau** (unter docplayer.org abrufbar)

Bundesamt für Naturschutz (BfN): **Biotop- und Landschaftsschutz.** Moorschutz, www.bfn.de

Bode, Tobias; Nitsche, Sabrina; Schade, Julia: **Querbeet.** Kein Platz – trotzdem Garten, Cadmos Verlag

Heinrich-Böll-Stiftung: **Mooratlas 2023,** Daten und Fakten zu nassen Klimaschützern. Kostenlos bestellbar oder als PDF-Datei herunterladen unter: www.boell.de/de/mooratlas

BUND: **BUND-Einkaufsführer für torffreie Erden,** als PDF-Datei herunterladen unter: www.bund.net/service/publikationen

BUND, Global 2000: **Giftfalle bienenfreundliche Pflanzen 2022.** Pestizide auf Zierpflanzen, als PDF-Datei herunterladen unter: www.bund.net/service/publikationen/detail/publication/giftfalle-bienenfreundliche-pflanzen-2022/

Greenpeace: **Giftiger Garten Eden,** als PDF-Datei herunterladen unter: www.greenpeace.de/publikationen/studie-giftiger-garten-eden

Kenzler, Jana: **Schutzgebiete nach Naturschutzrecht,** als PDF-Datei herunterladen unter: ARL – Akademie für Raumforschung und Landesplanung (www.arl-net.de)

Land Niederösterreich, Abt. Umwelt: **Natur im Garten,** Gartenwissen für PrivatgärtnerInnen, www.naturimgarten.at

Bundesanstalt für Landwirtschaft und Ernährung, Informationsportal Ökolandbau.de: **Bio-Erde erkennen und nutzen,** www.oekolandbau.de/bio-im-alltag/ bio-erleben/im-garten/bioerde/

Schattling, Birgit: **Mein Biotop auf dem Balkon,** Verlag Gräfe und Unzer

Schwarzer, Elke: **Plastikfrei gärtnern,** Verlag Eugen Ulmer

Witt, Reinhard: **Das Wildpflanzen Topfbuch,** Naturgarten Verlag

Naturerlebnisraum Balkon und Terrasse

Arachnologische Gesellschaft: **Spinnen(-Tiere) für Einsteiger,** www.arages.de/spinnenwesen/spinnen-fuer-einsteiger

Arachnologische Gesellschaft: **Forum der Arachnologischen Gesellschaft e. V.,** https://forum.arages.de

Aufderheide, Ulrike: **Tiere pflanzen,** pala-verlag

David, Werner: **Der Naturgartenbalkon,** www.naturgartenfreude.de/naturgartenbalkon

David, Werner: **Fertig zum Einzug: Nisthilfen für Wildbienen,** pala-verlag

Foelix, Rainer F.: **Biologie der Spinnen,** Thieme Verlag

Goulson, Dave: **Wildlife Gardening,** Carl Hanser Verlag

Heuberger, Katharina; Wickl, Karl-Heinz: **Vielfältiges Tierleben auf einem Balkon-Naturgarten im 5. Stock eines Münchner Wohnhauses,** galathea Band 37, Beiträge des Kreises Nürnberger Entomologen, 2021

Hintermeier, Helmut; Hintermeier, Margit: **Blütenpflanzen und ihre Gäste, Band 1-4,** Obst- und Gartenbauverlag des Bayerischen Landesverbandes für Gartenbau und Landespflege e.V.

Mestre, L. (et al.): **Both woody and herbaceous semi-natural habitats are essential for spider overwintering in European farmland.** In: Agriculture, Ecosystems & Enviroment. https://doi.org/10.1016/j.agee.2018.08.018

Spohn, Margot; Spohn, Roland: **Blumen und ihre Partner,** Haupt Verlag

Westrich, Paul: **Die Wildbienen Deutschlands,** Verlag Eugen Ulmer

Wiesbauer, Heinz: **Wilde Bienen.** Biologie – Lebensraumdynamik am Beispiel Österreich – Artenporträts, Verlag Eugen Ulmer

Prämierte Wildpflanzen-Balkone: Blogs, Instagram-Accounts, Online-Magazine

Berg, Daniela: **Was blüht Berlin,** www.instagram.com/wasbluehtberlin

Bienhüls, Atessa: **Hortus Sursum,** www.atessa-im-wald.de/

Di Mauro, Alessandro: **Balkon-Wiesion,** www.instagram.com/aladdin_wildbluemchen

Dittrich, Almuth: **Natur auf dem Balkon,** www.naturaufdembalkon.wordpress.com

Heuberger, Katharina: **Wilder Meter – Online-Magazin für insektenfreundliche Naturbalkone,** www.wildermeter.de

Jaschik, Andrea: **Hortus Aquis,** www.hortus-aquis.de

Oppermann, Anna: **Grünifzierung,** www.instagram.com/gruenifizierung

Wittek, Katrin: **Katrin Flora Fauna,** www.instagram.com/katrin_flora_fauna

Wettbewerbe, Prämierungen, Veranstaltungen

Stiftung für Mensch und Umwelt: **Pflanzwettbewerb »Wir tun was für Bienen«,** www.wir-tun-was-fuer-bienen.de

Schattling, Birgit: **Online Bio-Balkon Kongresse,** www.bio-balkon.de

DGG 1822 e.V., Tausende Gärten – Tausende Arten: **Garten- und Balkonprämierung,** www.tausende-gaerten.de

Bezugsquellen

Wildpflanzen und Saatgut für Balkonkästen, Töpfe und Schalen

Deutschland
Kräuter- und Wildpflanzengärtnerei Strickler
Lochgasse 1
55232 Alzey-Heimersheim
www.gaertnerei-strickler.de
(Pflanzenpakete für Blumenkästen)

NaturGartenWelt
Sabine Kohlstadt
Am Sonnenhang 3
65321 Heidenrod
www.naturgartenwelt.de
(Pflanzenpakete für Balkonkästen)

Naturgartenvielfalt
Kirnaustraße 13
74744 Ahorn-Eubigheim
www.naturgartenvielfalt.de
(Balkonmischung »Wilde Töpfe«, Saatgut)

Syringa Kräutergärtnerei
Bachstraße 7
78247 Hilzingen-Binningen
www.syringa-pflanzen.de
(Wildblumenmischungen für Wildbienen, Saatgut)

Hof Berg-Garten
Lindenweg 17
79737 Herrischried
www.hof-berggarten.de
(Pflanzenpaket für Töpfe und Schalen)

Gärtnerei StaudenSpatz
Kreilhof 7
82386 Oberhausen
www.staudenspatz.de
(Pflanzenpakete für Balkonkästen)

Staudengärtnerei Gaißmayer
Jungviehweide 3
89257 Illertissen
www.gaissmayer.de/web/gaertnerei
(Themenwelt Balkon und Terrasse)

Österreich
Wilde Blumen
Puchheimer Straße 9
4844 Regau
www.wildeblumen.at
(Pflanzenpakete, Balkonsets)

Blumenzwiebeln in Bio-Qualität

raimund Biogartenbedarf
Lantzschweg 12
01824 Königstein
www.biogartenbedarf.de

Bioland Hof Jeebel
Jeebel 17
29410 Salzwedel
www.biogartenversand.de

Bingenheimer Saatgut
Kronstraße 24
61209 Echzell
www.bingenheimersaatgut.de

Syringa Kräutergärtnerei
Bachstraße 7
78247 Hilzingen-Binningen
www.syringa-pflanzen.de

Niederlande
Natural Bulbs
www.naturalbulbs.de

Weitere Informationen über Naturgärten

Deutschland
Tausende Gärten – Tausende Arten
Deutsche Gartenbau-
Gesellschaft 1822 e.V.
Kleine Präsidentenstraße 1
10178 Berlin
Partnerbetriebe unter:
www.tausende-gaerten.de/
gruene-landkarte

NaturGarten e.V.
Reuterstraße 157
53113 Bonn
www.naturgarten.org

Österreich
Verein REWISA-Netzwerk
Tulpengasse 8A
4400 Steyr
www.rewisa.at

Schweiz
Bioterra
Scheideggstrasse 73
8038 Zürich
www.bioterra.ch

FÜR NATURERLEBNISRÄUME

Michael Altmoos:
Besonders: Schmetterlinge
ISBN: 978-3-89566-408-3

Ulrike Aufderheide:
Tiere pflanzen
ISBN: 978-3-89566-388-8

Werner David:
Fertig zum Einzug:
Nisthilfen für Wildbienen
ISBN: 978-3-89566-358-1

Uwe Westphal:
Das große Buch der Gartenvögel
ISBN: 978-3-89566-375-8

NOCH MEHR BÜCHER AUS DEM PALA-VERLAG

Brigitte Kleinod / Friedhelm Strickler:
Schön wild!
ISBN: 978-3-89566-367-3

Sigrid Tinz:
Nahrungsnetze für Artenvielfalt
ISBN: 978-3-89566-417-5

Andrea Preißler-Abou El Fadil:
Gärtnern nach dem Terra-Preta-Prinzip
ISBN: 978-3-89566-376-5

Farina Graßmann:
Wunderwelt Totholz
ISBN: 978-3-89566-401-4

Gesamtverzeichnis bei:
pala-verlag, Am Molkenbrunnen 4, 64287 Darmstadt, www.pala-verlag.de

ISBN: 978-3-89566-428-1

Am Molkenbrunnen 4, 64287 Darmstadt
www.pala-verlag.de

Bildnachweis:
Umschlagfotos: Katharina Heuberger

Seite 8: Anja Salewsky
Seite 23 *(links)*: Susanne Greiner
Seite 23 *(rechts)*: Wiebke Wiedemann
Seiten 25, 63, 69 *(unten links)*, 71 *(unten)*, 74 *(oben links)*, 92/93, 99, 113 *(unten)*, 129 *(unten rechts)*, 147: Atessa Bienhüls
Seiten 34, 37, 51 *(oben links, oben rechts, unten rechts)*, 58, 66/67 *(oben)*: Stefanie Binder
Seiten 51 *(unten links)*, 111 *(unten links)*: Christa Schünemann
Seite 61 *(unten links, unten rechts)*: Katrin Wittek
Seite 63 *(oben)*: Jürgen Herler (Herbios)
Seiten 65, 110 *(rechts)*, 128, 145 *(oben)*: Daniela Berg
Seite 67 *(unten)*: Sigrun Hannemann
Seite 73: Tintin Treutwein
Seiten 84, 85, 90 *(oben rechts)*, 91 *(oben links, unten links, unten rechts)*: Johannes Weise
Seiten 86, 90 *(oben links)*: Anette Grimm (Museum Salz und Moor)
Seite 90 *(unten links)*: Markus Kurz (Naturpark Oberpfälzer Wald)
Seite 91 *(oben rechts)*: Wiebke Schulte
Seiten 100, 120 *(Mitte)*: Carl Schünemann
Seite 104: Lars Pieperjohanns
Seiten 106/107: Holger Wiedemann
Seite 119: Klaus von der Dunk
Seite 127: Tobias Bauer
Seite 131 *(unten Mitte)*: Patricia Preuß
Seite 133: Philipp Herrmann
Seite 135 *(oben)*: NABU-Bundesverband, www.NABU.de/vogeluhr
Seite 135 *(unten)*: Alexey Testov
Seite 138 *(unten rechts)*: Leander Bertsch
Seite 151: Janine Guldener
alle anderen Fotos: Katharina Heuberger

Lektorat: Barbara Reis

Satz und Gestaltung: Die Werkstatt-Medien Produktion GmbH, Göttingen
www.werkstatt-produktion.de

Druck und Bindung:
Beltz Grafische Betriebe GmbH, Bad Langensalza
www.beltz-grafische-betriebe.de
Printed in Germany

Gedruckt auf
100% Recyclingpapier